Jörg Wurzer

Vorsicht Glaubensfalle
Eine theologische Streitschrift

1. Auflage 1999

Herstellung: Libri Books on Demand

ISBN 3-89811-359-0

INHALT

1 KANN GLAUBE KRANK MACHEN?
ZAHLEN, FAKTEN, ANFRAGEN

Ein Prediger rudert mit den Armen in der Luft. Im Zelt auf dem großen Platz hat sich ein Großteil der Kirchengemeinde versammelt. Konzentriert starren sie den lebendigen Redner an, den sie eingeladen hatten. Vom „Brot des Lebens" ist die Rede und von der „Quelle des Lebens", von „Befreiung" und „Erlösung". Am Ende passiert das, was immer auf solchen Veranstaltungen passiert: Menschen wollen umkehren, neu anfangen und sich vom Ballast ihrer Biographie befreien.

Szenenwechsel: Der Blick schweift über die bunten Bildbände in der christlichen Buchhandlung. Auf den Covern ist hier ein schimmernder Sonnenuntergang, dort eine blühende Blume zu sehen. Gesammelte Psalme sind es in einem Fall, in einem anderen geht es um Sinnsprüche Jesu: „Kommt her zu mir, die ihr mühselig und beladen seid. Ich will euch erquicken."

Heile Welt? Der Glaube als Erfüllung von Hoffnungen und Lebensträumen? Der Glaube als Lebenshilfe und Mutmacher? So stellen es christliche Bücher und Zeitschriften dar, in denen glückliche Menschen abgebildet sind, die dem Leser wie in einer der vielen Werbeanzeigen entgegenstrahlen. So stellen es die Evangelisten, Pfarrer und Christen mit missionarischem Eifer dar, die jeden von ihrer Sache überzeugen wollen: mit Flugblättern, Gesprächsabenden, Großveranstaltungen und Straßenaktionen. Immer wieder vergewissern sie sich selbst ihres Glaubens durch neue Erlebnisse und Aktionen.

Die Wirklichkeit sieht manchmal anders aus als von Kanzeln gepredigt wird. Hinter manchen fröhlichen Christen steht der nagende Zweifel, der nur durch lautes Bekenntnis übertönt wird. Ängste und Fragen finden ihren Ausdruck in der entschiedenen Abgrenzung zu den Nichtgläubigen, den anderen, die „verloren gehen". Es müssen dann neue Erlebnisse her, eine Predigt, „die so richtig unter die Haut geht", das Konzert eines christlichen Liedermachers, bei dem alle innig mitsingen, oder ein Kirchentag mit dem Gemeinschaftsgefühl auf Papphockern. Gelegen kommen da charismatische Gemeinden, in denen der Heilige Geist wehen und alles bisher Erlebte in den Schatten stellen soll.

In Kliniken sind Christen anzutreffen, die aus Depressionen und Ängsten nicht mehr herausfinden. Es sind Ängste, vor Gott nicht bestehen zu können, bestraft oder gezüchtigt zu werden. Zerbrochenes Selbstwertgefühl und Ohnmacht gegenüber den Problemen des realen Lebens sind übermächtig geworden. Fremd sind diese Menschen in dieser Welt, sie sondern sich ab und leben in ihrer eigenen kleinen Welt.

Der Informationsdienst der evangelischen Allianz (idea) berichtete in der Ausgabe vom 30. Oktober 1991 von drei Fällen, bei denen der Glaube bittere Früchte trug:

„Frau M. ist 34 Jahre alt, verheiratet, zwei Kinder im Alter von drei und sechs Jahren. Sie fühlt sich in Familie, Gemeinde und im Glauben als Versager. Dabei ist ihr ausgerechnet ein Bibeltext zum Verhängnis geworden: „Denn ist jemand in Christus, so ist er eine neue Kreatur; das Alte ist vergangen, siehe alles ist neu geworden." (2 Korinther 5, 17). Ein überempfindliches Gewissen sagt ihr: ‚Bei dir ist nichts neu geworden.' Alles ist beim Alten geblieben. Alles ist unvollkommen. Sie hält ihren Alltag und ihr Glaubensleben für gescheitert. Sie sieht sich als Erzieherin, als Ehefrau und als Vorbild für andere in Frage gestellt. Sie ist arbeits- und liebesunfähig. Krankhafte Schuldgefühle zerstören ihr Leben. Gespräche bei verschiedenen Seelsorgern brachten keine Verbesserung. "

„Angelika ist eine 19jährige Abiturientin. Sie wurde mit 15 Jahren getauft. Sie ist ein Vorbild in Ordnung, Sauberkeit und ethischen Maßstäben. Alles nimmt sie ernst, lacht selten oder nie. Lachen ist in der Regel für sie Leichtfertigkeit, Sünde. Sie weiß, daß sie aus Gnaden lebt, gleichzeitig muß sie das I-Tüpfelchen des Gesetzes halten. Bei der kleinsten Gedankensünde muß sie sich bestrafen. Morgens blockiert sie das Badezimmer. Sie muß sich zwei Stunden lang waschen. Mindestens 25 mal wäscht sie sich am Tag die Hände. Sünde, Schmerz und Unreinheit müssen abgewaschen werden. Die Zwangshandlungen nehmen inzwischen zwei Drittel des Tages in Anspruch. Sie kann weder eine Lehre beginnen noch studieren. "

„Herr B. ist 24 Jahre alt, gläubig und innerlich zerrissen. Vor drei Tagen wurde er aus der Klinik entlassen. Er hat sich die Pulsadern ausgeschnitten. ‚Ich leide unter der Sünde', sagt er. Er meint die Selbstbefriedigung, mit der er seit seiner Kindheit nicht fertig geworden ist. Er fühlt sich dem Teufel ausgeliefert. Überstrenge Eltern haben ihm eine Sündenangst vermittelt. Heute reagiert er liebesunfähig und impotent, weil er glaubt, daß er seine sexuelle Energie verschleudert hat. Gott strafe ihn dafür."

Zugegeben: Es ist die Spitze eines Eisberges, doch der evangelische Theologe und Therapeut Klaus Thomas schätzte als Leiter der Ärztlichen Lebensmüden-Beratung in Berlin gegenüber idea, daß von den 22.000 Patienten rund 7.000 Neurotiker seien, davon 3.000 ekklesiogen erkrankt, also rund 43 %. 2.970 Patienten hätten Symptome zur Sprache gebracht, die Onanieskrupel, Homosexualität, Perversion, Frigidität und Impotenz beinhalten. Der evangelische Klinik-Seelsorger Reinhold Gestrich ging am Zentrum für Psychiatrie in Bad Schussenried bei Oberschwaben dem Phänomen nach und kam zu einem ähnlichen Schluß: Psychisch Kranke mit religiöser Wahnvorstellung kämen vor allem in christlich geprägten Kulturen vor. Und: „Schuldgefühle, Versagens- und Verdammungsgefühle religiöser Art gehören am häufigsten in Europa und Amerika dazu."

Es sind nicht nur Einzelschicksale oder Zufälligkeiten. Glaube kann krank machen. Gerade diejenigen, die es besonders ernst meinen, konsequent Wort für Wort der Bibel umsetzen wollen oder ihrer Kirche folgen, sind besonders betroffen. Es muß nicht in die Krankheit münden, sondern kann sich fast unauffällig belastend auf den Alltag auswirken: Da sind diejenigen, die unter Ängsten leiden, sich immer klein vorkommen, oder diejenigen, die mit der Pluralität der Gesellschaft nicht mehr zurechtkommen und sich in fundamentalistische Kreise zurückziehen. Da ist die Jugendliche, die sich unter Druck fühlt, ständig missionieren zu müssen, auch wenn sie sich dadurch bei ihren Freundinnen unbeliebt macht und zur Außenseiterin wird. Oder es ist der junge Erwachsene, der von der religiösen Gemeinschaft oder Gemeinde so gefordert wird, daß er für die Berufsausbildung kaum Zeit hat und diese letzlich scheitert. Wieder ein anderer Christ grübelt über richtig und falsch nach, wagt kaum einen Schritt ins Neuland des Lebens. Der christliche Psychologe Paul Diehl schreibt kritisch:

„Eine zersetzende Einstellung kann der christliche Glaube u. a. dann vermitteln, wenn auf eine selbst zurechtgemachte Auslegung biblischer Texte größter Wert gelegt wird. Das hängt dann u. a. mit negativen Vorerfahrungen zusammen; z. B. wird übersteigerter Leistungsdruck der Eltern gegenüber dem Kind von diesem häufig auf ‚Leistungsanforderungen' des Glaubens übertragen. Oftmals wirkt sich das dann so aus: ‚noch mehr glauben, noch intensiver beten und ähnliches. Aber gerade von solchem Leistungsdenken möchte die Gottesbeziehung freisetzen. Auch der Psychologe kann eine solche psychische Dauerbelastung nicht begrüßen." [1]

Die Sachlage ist ambivalent. Nicht jeder erleidet Schiffbruch mit seinem Glauben. Nicht jeder fühlt sich bewußt oder unbewußt erdrückt von den Anforderungen der Ethik, den Leistungsansprüchen und Lebensentwürfen der Religion. Es gibt sogar ganz gegenteilige Aussagen, Berichte und Forschungsergebnisse. Sie erzählen vom Neuanfang und sogar von einer gesunden Lebenshaltung. So kann Bernhard Grom in der Zeitschrift „Psychologie heute" schreiben:

„Macht der Glaube krank? In der amerikanischen Psychologie haben sich zwar einzelne Autoren [...] dazu rein grundsätzlich religionskritisch geäußert, doch entwickelte sich dort in den letzten 30 Jahren eine Forschung, die Fragen [...] vor allem beobachtungsorientierter anging als in Deutschland. Eindeutig ist der Befund: Je mehr die Befragten Religion für wichtig halten und je regelmäßiger sie den Gottesdienst besuchen, desto weniger wahrscheinlich sind sie von Alkohol, Drogen oder Medikamenten abhängig. So mehren sich – obwohl vieles noch ungeklärt ist – die Anzeichen dafür, daß persönliche Religiosität, alles in allem, eher dazu beiträgt, leichteren psychischen Störungen vorzubeugen oder sie günstig zu bewältigen, allerdings nur in begrenztem Ausmaß." [2]

Das vorliegende Buch geht dieser Ambivalenz nach. Wann macht der Glaube krank? Wann wirkt er sich negativ auf die Entwicklung eines

---

[1] Paul Diehl, Gegenstand der Psychologie und ihre Beziehung zum christlichen Glauben, in: Carsten Peter Thiede, Christliches Studium heute. Beiträge zu einer aktuellen Diskussion, Stuttgart 1984, Seite 136

[2] Bernhard Gom, Macht Religion krank? in Psychologie heute, Juni 1997, Seite 22ff

jungen Menschen aus? Welche Mißverständnisse tauchen in der Theologiegeschichte auf? Was verlangt die Bibel von den Menschen?

Das zweite Kapitel geht kritisch mit der theologischen Tradition um, nennt biblische Geschichten und Glaubenshaltungen und setzt sie in Kontrast zu möglichen negativen Folgen und Auswirkungen. Sowohl psychologische als auch philosophische Argumente werden die Kritik stützen. Das darauffolgende Kapitel antwortet mit einem Gegenentwurf. Wie lassen sich die biblischen Texte verstehen? Wie lassen sich theologische Überlieferungen und Überzeugungen auch anders sehen? Ein wichtiger Punkt wird die Auseinandersetzung mit der Verurteilung des Menschen sein. Daher befaßt sich ein eigenes Kapitel mit einer alternativen Soteriologie, einer Heilslehre, die das Verhältnis von Gott und Mensch zum Thema hat. Wünschenswert wäre ein Diskussion um die Schattenseiten des Glaubens, nicht aus einer grundsätzlichen Antihaltung heraus, sondern aus einer kritischen und verantwortlichen Auseinandersetzung heraus, damit diejenigen davon profitieren können, denen der Glaube zum Fallstrick geworden ist, die ihre Lebensfreude verloren haben oder als Jugendliche durch eine Überbewertung der Religion eine wichtige Entwicklungszeit verpaßt haben.

2 DIE KRITIK

2.1 KOMPROMISSLOSIGKEIT DES CHRISTLICHEN GLAUBENS

Religionen haben sich entwickelt als Interpretamente und Interpretationen von Welt und Welterfahrung. Ereignisse wurden vor dem Hintergrund von Gottesvorstellungen gedeutet und mit dem Heranreifen des jüdischen Glaubens entstand ein lineares Geschichtsbild von einer Urzeit (Schöpfung) und einer Endzeit (Verheißungen, Rückkehr aus der babylonischen Gefangenschaft, Messiaserwartung, Friedensreich), in das der Gott Jahwe eingriff. Der Mensch sah sich in einer Beziehung zu Gott, verband mit dem gottesfürchtigen und gerechten Leben auch die Hoffnung auf Erfolg, Reichtum und zahlreiche Nachkommen. Während zur Zeit des Alten Testamentes Religion noch eine Sache der Gemeinschaft war, zu der sich der einzelne zugehörig fühlte, wurde sie mit der Verbreitung des Hellenismus, die zur Zeit Jesu schon auf einem Höhepunkt angelangt war, mehr und mehr eine Frage des persönlichen Heils: Wie stehe ich zu Gott? Wie steht Er zu mir? In der Moderne ist dies vor allem in evangelischen Kreisen und den Frömmigkeitsbewegungen zu einer zentralen Frage geworden. Der Mensch begreift sich heute als Individuum und interpretiert entsprechend die Bibeltexte als Aufforderung zur persönlichen Entscheidung und Anleitung für das persönliche Leben. Eine Entweder-Oder-Haltung ist dabei auffällig. Einige Bibeltexte scheinen dazu Anlaß zu geben:

Das Himmelreich gleicht einem Schatz, verborgen im Acker, das ein Mensch fand und verbarg, und in seiner Freude ging er hin und verkaufte alles, was er hatte, und kaufte den Acker. Wiederum gleicht das Himmelreich einem Kaufmann, der gute Perlen suchte, und als er eine kostbare Perle fand, ging er hin und verkaufte alles, was er hatte, und kaufte sie. (Matthäus 13, 44 - 46) [3]

Um den Schatz zu bekommen, muß der Mensch im Gleichnis aufs Ganze setzen. Er verkauft alles, was er hat. Genauso geht es dem Kauf-

---

[3] Die Bibeltexte sind der Übersetzung Martin Luthers in der revidierten Fassung von 1984 entnommen.

mann. Alles ist er bereit zu geben, um die Perle in seinen Besitz zu bringen. Entweder alles oder gar nichts. Das Gleichnis könnte als Hinweis auf die große Freude verstanden werden, die eine Entdeckung des persönlichen Glaubens bedeuten kann und die einige Menschen auch so erleben. Der Zusammenhang, in den der Evangelist das Gleichnis gestellt hat, legt aber nahe, daß es sich um eine eindeutige Aufforderung handelt: Entweder gibt sich der Mensch dem Glauben ganz hin, opfert alle eigenen Wünsche, Bedürfnisse und seinen Besitz oder er geht verloren und kommt nach der religiösen Vorstellung in die Hölle. Eine Alternative gibt es nicht. Der Mensch hat nur die Wahl zwischen den beiden Möglichkeiten: für oder gegen Gott, mit allem, was dazu gehört. Die theologische Literatur ist voll von diesen Aussagen innerhalb des evangelischen Christentums vor allem in streng evangelikalen oder pietistischen Kreisen. Es gibt nach dieser Auffassung keinen Mittelweg oder Kompromiß. Bevor Matthäus das Gleichnis vom Acker erzählt, gibt er eine ähnliche Überlieferung wieder, die noch drastischer das Entweder-Oder verdeutlicht.

Er antwortete und sprach zu ihnen: Der Menschensohn ist's, der den guten Samen sät. Der Acker ist die Welt. Der gute Samen sind die Kinder des Reichs. Das Unkraut sind die Kinder des Bösen. Der Feind, der es sät, ist der Teufel. Die Ernte ist das Ende der Welt. Die Schnitter sind die Engel. Wie man das Unkraut ausjätet und mit Feuer verbrennt, so wird's auch am Ende der Welt gehen. Der Menschensohn wird seine Engel senden, und sie werden sammeln aus seinem Reich alles, was zum Abfall verführt, und die da Unrecht tun, und werden sie in den Feuerofen werfen; da wird Heulen und Zähneklappern sein. Dann werden die Gerechten leuchten wie die Sonne in ihres Vaters Reich. Wer Ohren hat, der höre! (Matthäus 13, 37 - 43)

Wer sich auf diesen Dualismus einläßt, läuft Gefahr, ein Entweder-Oder-Denken in seinem Leben bei der Begegnung mit anderen Menschen, bei Konfliktlösungen und Einschätzungen von Situationen zu übernehmen. Dieser Dualismus von Gut und Böse, von Richtig und Falsch verhindert aber, unterschiedliche Perspektiven einzunehmen, nach Wegen zu suchen, die über eine vermeintliche Entweder-Oder-Entscheidung hinausgehen. Das bedeutet einen Verlust an differenzierter Problemlösungskompetenz, der Fähigkeit, mehrere Perspektiven einzunehmen und Alternativen zu erkennen. In Streit- und Konfliktsituationen des Alltags treffen häufig unterschiedliche Perspektiven aufeinander. Fühlt sich jemand durch eine Äußerung gekränkt, kann es für den anderen ein sachliches Feedback gewesen sein. Bedeutet die Trennung einer Ehe vielleicht für die Betroffenen zunächst eine Katastrophe, kann es für beide Partner der Neuanfang für ein erfülltes und befriedigendes Leben sein. Viele unserer Handlungen sind ambivalent. Es gehört gerade zur persönlichen und sozialen Kompetenz, die Ambiguität und das Spannungsfeld auszuhalten: Ein Unternehmer entläßt viele Mitarbeiter, um seine eigene Existenz und die der verbleibenden zu sichern. Oder der Arzt fügt seinem Patienten Schmerzen zu, um dessen Krankheit oder Verletzung zu heilen. Schematisches Handeln (Du sollst ..., Du sollst nicht ...) hilft im Alltag nicht weiter. Manchmal ist es wichtig, statt Streit zu vermeiden, die Konfrontation zu suchen, statt einen Standpunkt - so richtig er auch ist - konsequent zu vertreten, Kompromisse zu schließen, statt sich zurückzuziehen, für seine eigenen Wünsche und Forderungen einzutreten. Verhalten ist nicht in Wenn-dann-Kategorien abzuhandeln. Das aber geschieht, wenn Christen von der Bibel konkrete Handlungsanleitungen erwarten und übersehen, daß Jesus und später Paulus seine Zuhörer in die Eigenverantwortung stellten.[4] Auch der Philosoph Hans Jonas weist in seinem Buch „Das Prinzip Verantwortung" auf die Unzulänglichkeit einer klassischen, kategorischen Ethik hin, also einer Ethik, die auf festen Handlungsnormen aufbaut, hin. Drei Grundsätzliche Veränderungen stellt er fest:

(1) Während in der klassischen Ethik der menschliche Zustand gegeben und unveränderlich ist, ist die heutige Lebenswelt von schnellen Veränderungen in der Lebenswelt und Umwelt der Menschen geprägt, die selbst Gegenstand der Verantwortung geworden sind; die Wirtschaft, mobile Gesellschaft, andere Regeln der Verbindlichkeit und technische Entwicklungen.

(2) Aus dem menschlichen Zustand läßt sich nach dem klassischen Ansatz das menschlich Gute erkennen. Der Tugendkatalog wollte die Situation des Menschen bewahren und das Beste aus ihr machen. Heute ist das Gute höchst relativ: Es verändert sich mit der Situation. Das Handeln besitzt kommunikativen Charakter. Eine mündige, demokratische Gesellschaft kann nicht ohne den Diskurs auskommen, zum Bei-

---

4 Zum Beispiel Römer 14, 19 - 23; Markus 2, 23 - 28; 1 Korinther 7, 17 - 24

spiel über folgenreiche Großinvestitionen, die künstliche Verlängerung des Lebens oder die Verpflanzung von Gehirnzellen.

(3) War früher die Reichweite des menschlichen Handelns eng begrenzt, ist heute globale Macht gewachsen. Die Technologie hat Dominanz über ihr ursprüngliches Ziel erlangt. Mit der Gentechnik, der „Seelenkontrolle" in der Pharmazie und in der Medizin, die nach eigener Maßgabe das Leben verlängern kann, sind ganz neue Problemfelder aufgetaucht. Die Natur steht durch die Technik in dem Machtbereich und damit auch in der Verantwortung des Menschen.

„Dynamik ist die Signatur des Lebens", faßt Jonas die gegenwärtige Ausgangslage zusammen.[5] So entwickelt Jonas schließlich seinen eigenen Imperativ: Er setzt als erste Pflicht, sich über die Folgen und Wirkungen des eigenen Handelns genau zu informieren. Die Wissenschaft habe zum Beispiel dabei die primäre Aufgabe, Prognosen zu erstellen. Im Laufe der weiteren Argumentation entfaltet und begründet Jonas den unbedingten Wert des Lebens und der Würde des Menschen. Sie gilt als Richtmaß für ein verantwortliches Handeln. Aber gerade diese Würde ist es, die in einigen evangelischen Theologien verlorengeht; gefährlich wird es, wenn wir Menschen in zwei Kategorien einteilen, in die guten und bösen. Einige Bibeltexte scheinen gerade das nahezulegen:

Wenn aber der Menschensohn kommen wird in seiner Herrlichkeit und alle Engel mit ihm, dann wird er sitzen auf dem Thron seiner Herrlichkeit und alle Völker werden vor ihm versammelt werden. Und er wird sie voneinander scheiden, wie ein Hirt die Schafe von den Böcken scheidet, und er wird die Schafe zu seiner Rechten stellen und die Böcke zu seiner Linken. Da wird dann der König sagen zu denen zu seiner Rechten: Kommt her, ihr gesegneten meines Vaters, ererbt das Reich, das euch bereitet ist von Anbeginn der Welt! [...] dann wird er auch sagen zu denen zur Linken: Geht weg von mir, ihr Verfluchten, in das ewige Feuer, das bereitet ist dem Teufel und seinen Engeln! (Matthäus 25, 31 – 34 und 41)

Der Mensch bekommt hier seinen Wert und seine Würde durch seine Moralität oder - in anderen Texten - durch seine Gottergebenheit oder

---

5 Hans Jonas, Das Prinzip Verantwortung. Versuch einer Ethik für die technologische Zivilisation, Seite 216

gar religiöse Leistung. Wer im Glauben zögert, der gehört nicht zu denjenigen, denen Vergebung und „Heil" geschenkt wird. Ja sogar der
„Zorn Gottes" soll über ihn kommen. Eine persönliche Überzeugung
wird zum entscheidenden Kriterium für Ausschluß oder Zugehörigkeit.[6]
Der Mensch besitzt aus sich heraus kein Recht zum Leben oder gar eine
Würde. „Sie fangen erst an, Mensch zu sein, wenn Sie Kind des
lebendigen Gottes sind", schrieb der Erweckungsprediger Wilhelm
Busch.[7] Letzteres sei der Mensch von Natur aus nicht. Busch geht sogar
so weit zu behaupten, daß der Sinn des Lebens allein darin besteht, daß
der Mensch für Gott geschaffen wurde. Der Prediger steht nicht alleine
da: Großevangelisationen rufen zu einer eindeutigen Entscheidung auf:
ja oder nein. So erwarten es auch unzählige Traktate und Schriften der
Erbauungsliteratur. Naiv vorausgesetzt wird dabei, daß jede Person die
gleiche klare Vorstellung von dem hat, wofür sie sich entscheiden soll.
Denn nur dann macht die Aufforderung einen Sinn. Doch in Wirklichkeit sind die Gottesbilder und Vorstellungen von einem gottgemäßen
und christlichen Leben sehr unterschiedlich, wie es die vielen Konfessionen von der katholischen Kirche bis zur kleinen unabhängigen
Gruppe von Christen aus einem pietistisch geprägten Lager zeigen. Die
einen berufen sich auf das Amt, das Jesus seinem Jünger Petrus übertrug,
die anderen auf die Aussage, daß nur Jesus eine Verbindung zu Gott
schaffen kann, niemals aber ein Priester.[8] Neben verschiedenen Überzeugungen, den „richtigen" Gottesdienst zu feiern, gibt es auch unterschiedliche Vorstellungen von ethischem Verhalten. Es gibt christliche
Kreise, in denen der persönliche finanzielle Reichtum eine ernsthafte
moralische Frage aufwirft. Andere gehen damit wieder recht unbefangen
um. Eine große Bandbreite an Einstellungen gibt es ebenfalls in Fragen
der Sexualität. Der Verweis, sich auf die Bibel zu beziehen, hilft nicht
weiter. Keine Konfession ist so zersplittert wie die evangelische, zu deren
Kern die unbedingte Rückbesinnung auf „Gottes Wort", die gedruckte
Bibel, gehört.

---

[6] Zum Beispiel: Johannes 3, 36
[7] Wilhelm Busch, Jesus unser Schicksal. Vorträge nach Tonbändern. Neukir-
chen-Vluyn 1990, Seite 30
[8] Johannes 14, 6

Die Kompromißlosigkeit drückt sich im Christentum unter anderem in der Dichotomie von Hell und Dunkel aus. Vor allem im gnostisch geprägten Johannesevangelium ist diese Metapher zu finden:

„Ich bin in die Welt gekommen als ein Licht, damit, wer an mich glaubt, nicht in der Finsternis bleibe", heißt es bei dem Evangelisten.[9]

Rund 140 mal tauchen die Begriffe Licht und Finsternis in der Elberfelder Bibelübersetzung auf. Die Finsternis ist der Ort, wo die Menschen einmal enden, die den Ansprüchen Gottes nicht gerecht werden. So endgültig diese Finsternis ist, in die diese Menschen „hinausgestoßen" werden, so endgültig ist die Entscheidung des Gerichts. „Da wird Heulen und Zähneklappern sein", kündigt Jesus im Gleichnis vom „Ernst der Nachfolge" an.[10] In anderen Bildern ist von den Flammen der Hölle[11] oder vom Folterknecht[12] die Rede. Ein Blick auf die Offenbarung des Johannes zeigt eine noch drastischere Sprache, in denen die sieben Zornschalen, deren bitterer Inhalt sich über die Menschen ergießt, nur einen kleinen Teil einnehmen.[13] Die Macht und Größe Gottes wird durch Gewaltphantasien beschrieben und bejaht. Es darf nicht wundern, welche Auswirkungen diese Gewaltverherrlichung in der Geschichte des Christentums hatte. Die spanischen Inquisitoren des Mittelalters hätten sich sogar auf die Worte Jesu berufen können, freilich bei einem unkritischen Umgang mit der Überlieferung.[14] Christen haben in der Geschichte im Namen ihres Gottes gemordet, geplündert und Völker zwangsmissioniert. Dabei fühlten sie sich ohne geringsten Zweifel auf der Seite des siegenden Gottes, der ihnen gezeigt habe, welcher Glaube der rechte Glaube sei.

Der christliche Glaube an ein Entweder-Oder-Urteil Gottes ist blind für die Lebenssituation und die unterschiedliche Reife des jeweiligen Men-

---

[9] Johannes 12, 46; siehe auch Johannes 1, 9; 3, 1 9 und 8, 12
[10] Matthäus 9, 18 - 22
[11] Lukas 16, 24
[12] Matthäus 18, 34 - 35
[13] Offenbarung des Johannes 15 - 16
[14] Siehe auch die Worte Jesu über einen Sendungsauftrag „Ihr sollt nicht meinen, daß ich gekommen bin, Frieden zu bringen auf der Erde. Ich bin nicht gekommen, Frieden zu bringen, sondern das Schwert." (Matthäus 10, 34)

schen. Viele Menschen erfahren in ihrem Leben nur beiläufig von Gott oder sie leben in einem Umfeld, in dem der Glaube nicht ernst genommen wird. Dennoch kann dieses Leben von hohen ethischen und jüdischen Grundwerten der zehn Gebote geprägt sein. Andere Menschen mögen von ihrer Bildung und Intelligenz her das theologische System der Bibel nicht begreifen. Ohne Unterschiede sollen aber nach konservativer Theologie diese Personen die „ewige Verdammnis" erleiden. Diese Glaubenshaltung fördert im alltäglichen Leben eine ebenso einfache Einteilung von Menschen in gut und böse. Moralische und ethische Kategorien werden dann angewandt, ohne danach zu fragen, ob sie in allen Fällen gleich anzuwenden sind. Die Justiz lebt jedoch längst davon, nach Schuldfähigkeit, Affekthandlungen oder Notsituationen zu fragen. Es gehört in zivilisierten Ländern zu einer Selbstverständlichkeit, da zum Beispiel Kinder und Jugendliche unter eine ganz andere Strafmündigkeit fallen als Erwachsene.

Warum hängen immer noch viele Menschen diesem Fundamentalismus [15] an? Zwei Gründe nennt der Psychologe Martin Odermatt: (a) die Flucht in scheinbare Sicherheit bei wandelnden Werte-systemen und (b) die Krise des monotheistischen Bewußtseins, das dem Pluralismus gegenübersteht. Der Monotheismus begründete seither die Geschlossenheit der Seele und Ich-Struktur. Dadurch war er die Wurzel der Identität. Schuldgefühle wurden auf Feinde projiziert. So spiegelt für Odermatt schon alleine der Monotheismus ein primitives kollektives Bewußtsein wider, das nur absolute Gegensätze, aber keine Integration kennt. Menschen werden nur dem einen oder anderen Wirklichkeitsbereich zugeordnet.

Das Entweder-Oder-Denken des Christentums setzt sich bis in eine Selbstisolierung fort. Das Matthäus-Evangelium zitiert eine entsprechende Forderung;

---

[15] Amerikanische Protestanten prägten den Begriff durch die Schriftenreihe „The Fundamentals" zwischen 1910 und 1915. Im Mittelpunkt stand die Unfehlbarkeit der Bibel, die Sündhaftigkeit der Welt und die Wiederkunft Christi.

Geht hinein durch die enge Pforte. Denn die Pforte ist weit und der Weg ist breit, der zur Verdammnis führt, und viele sind's, die auf ihm hineingehen. Wie eng ist die Pforte, wie schmal der Weg, der zum Leben führt, und wenige sind's, die ihn finden. [16]

Ein viel später geschriebener Text, der 2. Johannesbrief, verbietet sogar den Kontakt zu Nichtchristen.[17] Weniger deutlich, aber nicht minder auf die Selbstisolation der Christen ausgerichtet, formuliert der 1. Johannesbrief:

Habt nicht lieb die Welt, noch was in der Welt ist. Wenn jemand die Welt lieb hat, in dem ist nicht die Liebe des Vaters. Denn alles, was in der Welt ist, des Fleisches Lust und der Augen Lust und hoffärtiges Leben, ist nicht vom Vater, sondern von der Welt. Und die Welt vergeht mit ihrer Lust; wer aber den Willen Gottes tut, der bleibt in Ewigkeit. [18]

Lustvolles, diesseitig orientiertes Leben erscheint nach diesen Textbeispielen als Gott entgegengestellt. Christen stehen in der Gefahr, sich aus ihrem sozialen Umfeld zurückzuziehen und im besten Fall eine eigene soziale Insel zu bilden. Damit sind alle Gefahren verbunden, die eine sektiererische Gemeinschaft mit sich bringt: Abhängigkeiten entstehen und es besteht die mangelnde Fähigkeit, sich dort zu integrieren, wo es unverzichtbar ist, zum Beispiel im Beruf oder in der Schule. In diesen Fällen wird der Christ kein Wir-Gefühl erleben können, das für ein Wohlbefinden auf Dauer nicht fehlen darf. Diejenigen, die nicht zu der Gemeinde oder religiösen Gemeinschaft gehören, werden zu den „anderen" oder „Außenstehenden". Erlebt eine Person dabei, daß andere

---

[16] Matthäus 7, 13 - 14

[17] 2. Johannesbrief 8 - 10; „Seht euch vor, daß ihr nicht verliert, was wir erarbeitet haben, sondern vollen Lohn empfangt. Wer darüber hinausgeht und bleibt nicht in der Lehre Christi, der hat Gott nicht; wer in dieser Lehre bleibt, der hat den Vater und den Sohn. Wenn jemand zu euch kommt und bringt diese Lehre nicht, so nehmt ihn nicht ins Haus und grüßt ihn auch nicht. Denn wer ihn grüßt, der hat Teil an seinen Werken." Mit dieser Aussage steht im übrigen der 2. Johannesbrief im Gegensatz zur Lebenspraxis von Jesus, da dieser gerade mit denen an einem Tisch saß, die nicht zu den gläubigen Juden zählten. Das ist ein Beleg dafür, wie groß die Differenzen alleine schon innerhalb des Neuen Testaments, dem zweiten Teil der Bibel, sind.

[18] 1. Johannesbrief 2,15 -17

unbeschwerte Freude am Leben spüren, aber niemals selbst dazugehört, können Depressionen oder auch Aggressionen gegen diese Menschen entstehen. Vielfach in der Geschichte war auch der umgekehrte Fall eingetreten, daß Christen oder Angehörige anderer Religionen durch ihre Selbstausgrenzung die Neigung zur Gewalt der Mehrheit zu spüren bekommen haben. Derjenige, der sich abgrenzt, ausgrenzt und dabei sein Verhalten mit seiner Zugehörigkeit zu einer Elite cder Gläubigen begründet, wird keine Sympathie ernten. Soziale Schwierigkeiten und Konflikte sind vorprogrammiert. Vor allem junge Menschen, die sich in der Gesellschaft bewähren und ihre eigene Rolle finden müssen, stehen durch den christlichen Glauben in einer großen Gefahr. Theologen übergehen dieses Problem. Der evangelisch-lutherische Evangelist Theo Lehmann betonte öffentlich, daß er keine Verantwortung dafür übernehme, wenn sich Jugendliche durch ihren Glauben ausgrenzen, ihre Freunde verlieren und Schwierigkeiten bekommen.

Kongresse und Veranstaltungen locken junge Menschen, sich für die Mission und die „völlige Hingabe" an den Glauben zu entscheiden. Das groß angelegte „Christival" ist nur ein Beispiel von vielen dafür, daß sich Besucher durch die Dynamik gemeinsam erlebter Euphorie gedrängt fühlen, noch stärker, noch intensiver und noch ausschließlicher ihr Leben dem Glauben zu widmen. Und das bedeutet mehr Mission - sei es vor Ort oder sogar in der Ferne - mehr „Abkehr von der Welt", mehr Gebet, mehr Unterwürfigkeit, mehr Bibellese, mehr Zeit für die Gemeinde oder religiöse Gruppen. Auf diese Weise entscheiden sich junge Menschen sehr früh - zu früh - für einen sehr eingeschränkten Lebensweg und eine mehr oder weniger geschlossene soziale Gemeinschaft. Sie durchleben kaum noch die wichtigen Enwicklungsschritte zu einer reifen Persönlichkeit, die Eigenverantwortlichkeit und Selbstbewußtsein dadurch lernt, daß sie Handlungsalternativen ausprobiert. Anstatt die Dynamik sozialer Beziehungen kennenzulernen, werden unbewegliche, abstrakte Normen vorgegeben. Diese verdecken die Bedeutung von Empathie und die Wertschätzung eines anderen Mitmenschen. Der Alltag, sei es im beruflichen oder privaten Zusammenhang, verlangt flexibles Verhalten, das die Situation aufgreift, und zwar ohne die Unsicherheit, welche Norm denn jetzt nun verletzt werden könnte, agiert.

2.2 ZWISCHEN SCHULD UND GNADE

Eines der zentralen Themen der Theologie ist die Frage nach der Schuld, bezeichnenderweise nicht das Lebensglück des Menschen. Predigten von Evangelisationen und unzählige Bücher der Kategorie „Erbauungsliteratur" drehen sich um die Schuld des Menschen und wie dieser Gnade erlangen kann. Im Neuen Testament sind zahlreiche Stellen zu finden, die Christus als den Erlöser und seinen Tod als die Sühne der Schuld des Menschen betrachten. Vor allem Paulus deutet den Tod des Wanderpredigers Jesus von Nazareth auf diese Weise:

Gott erweist seine Liebe zu uns darin, daß Christus für uns gestorben ist, als wir noch Sünder waren. Und wieviel mehr werden wir nun durch ihn bewahrt werden vor dem Zorn, nachdem wir jetzt durch sein Blut gerecht geworden sind! Denn wenn wir mit Gott versöhnt worden sind, durch den Tod seines Sohnes, als wir noch Feinde waren, um wieviel mehr werden wir selig werden durch sein Leben, nachdem wir nun versöhnt sind. [19]

Der Autor des Johannesevangeliums drückt es mit dem Bild des Vaters aus, der seinen Sohn opfert:

Denn also hat Gott die Welt geliebt, daß er seinen eingeborenen Sohn gab, damit alle, die an ihn glauben, nicht verloren werden, sondern das ewige Leben haben. [20]

Im ersten Brief an die Korinther zitiert Paulus eines der ältesten christlichen Bekenntnisse:

Denn als erstes habe ich euch weitergegeben, was ich auch empfangen habe: Daß Christus gestorben ist für unsere Sünden nach der Schrift; und daß er begraben worden ist, und daß er auferstanden ist am dritten Tage nach der Schrift; und daß er gesehen worden, gehört von Kephas, danach von den Zwölfen. [21]

Wer die Bibel aufmerksam studiert, wird merken, daß vor allem Paulus diese Theologie geprägt hat. Interessante Ergebnisse liefern dazu Wortstatistiken von Bibelübersetzungen für Computer. Von Grund auf böse

---

[19] Römer 5, 8 - 10
[20] Johannes 3, 16
[21] 1 Korinther 15, 3 - 5

und schlecht ist der Mensch nach Paulus. Doch er ist nicht der einzige, der ein negatives Menschenbild aufzeigt. So schlecht ist der Mensch laut christlicher Weltanschauung, daß Blut fließen muß, um ihn vor grausamer Strafe zu bewahren. Der ganz aus jüdischer Tradition heraus schreibende Verfasser des Hebräerbriefes vergleicht Jesus sogar mit dem jährlichen Schlachtopfer im Tempel.

Nach diesem [Gottes Willen] sind wir geheiligt ein für allemal durch das Opfer des Leibes Jesu Christi. Und jeder Priester steht Tag für Tag da und versieht seinen Dienst und bringt oftmals die gleichen Opfer dar, die doch niemals die Sünden wegnehmen können. Dieser aber hat ein Opfer für die Sünden dargebracht, und sitzt nun für immer zur Rechten Gottes und wartet hinfort, bis seine Feinde zum Schemel seiner Füße gemacht werden. Denn mit einem Opfer hat er für immer die vollendet, die geheiligt werden. [22]

Das christliche Symbol des Kreuzes steht für den stellvertretenden Tod als Erlösung von der todbringenden Schuld. Fast magische Wirkung wurde dem Symbol in der Geschichte des Christentums zuerkannt. Mit ihm wurde die Angst vertrieben, die in dieser Religion eine bleibend große Rolle spielt: Die Angst davor, den Anforderungen, ethischen Maßstäben und Regeln nicht gerecht zu werden, die Angst vor der Verdammnis und vor der Strafe Gottes. Es liegt nahe, daß im christlichen Weltbild die Vorstellungen von Gerechtigkeit und Schuld von dieser Theologie abgeleitet werden. Schuld wird durch Strafe abgegolten. Und so sollte auch ein weltliches Gericht urteilen. Zurück zur Theologie: Wofür soll der Mensch sterben? Warum hat er sich so schuldig gemacht? Die Bibel nennt zwar einzelnes Fehlverhalten, doch vor allem Paulus stellt eine pauschale Schuld fest. Jeder ist betroffen.

Schon die bloße Existenz des Menschen ist seit Adam - so Paulus - mit Schuld behaftet. Das vermeintliche Todesurteil Gottes erscheint maßlos: Menschen mit Hoffnungen und Sehnsüchten, die lieben und streiten, die Familien gründen und Existenzen aufbauen, die forschen und fragen, die Hilfe gewähren und zuhören: Sie alle sind in den Augen des Christentums von Grund auf böse, verdorben, zur ewigen Höllenqual verurteilt. Es ist schwer, sich dieses Menschen- und Weltbild in einer modernen Gesellschaft vorzustellen, die die Menschenwürde und Rechtsstaat-

---

[22] Hebräer 10, 10 - 14

lichkeit zu ihren Grundpfeilern gemacht hat. Die Theologie wischt mit einer einzigen, rigorosen Geste alle diese Argumente vom Tisch. Sie haben periphere Gültigkeit. So wundert es nicht, daß in evangelikalen Kreisen der Humanismus offen kritisiert wird, der den Menschen mit seiner Würde, Eigenständigkeit und Individualität herausstellt. Ein differenziertes Urteilen über Schuld - oder besser: Verantwortlichkeit gegenüber anderen Menschen und der Umwelt - ist bei der ausnahmslosen Verurteilung nicht möglich. Jugendlichen und Kindern, die in strengen, christlichen Kreisen aufwachsen, wird es schwer fallen, ein entsprechendes Bewußtsein zu entwickeln, das unerläßlich für soziales Verhalten ist und eine gelungene Integration in die Gemeinschaft erlaubt.

„Der Mensch ist schlecht und verdorben, also bin ich auch schlecht und verdorben," lautet die persönliche Konsequenz aus dem christlichen Glauben. Erst wenn etwas geschieht, wie das blutige Opfer Christi, hat der Mensch eine Chance, von Gott anerkannt zu werden. Erst wenn sich der „gnädige" Gott des Menschen erbarmt, bekommt dieser seine Würde - Rechte aber längst noch nicht. Vielmehr bleibt er abhängig vom willkürlichen Zuspruch der Vergebung. Der Gläubige erlebt sich als klein und unfähig, sein Leben selbst in die Hand zu nehmen und zu gestalten. Jedes Selbstbewußtsein wäre Hybris und Erhebung über Gott, also Sünde, todbringende Sünde.

Ständige Schuldgefühle sind daher unter Christen keine Seltenheit. Oft treten sie in Form von mangelnder Selbstannahme, ja Selbstverachtung und sogar Selbsthaß auf. Die Geißelung ist nicht eine Angelegenheit des Mittelalters, wo Mönche versuchten, es Gott recht zu machen, indem sie sich selbst schlugen und sich Verletzungen zufügten. Subtile Selbstbestrafung wie der Verzicht auf soziale Kontakte, ausgelassene Freude oder Konsum sind moderne Varianten. Leid und Verzicht wird als etwas Reinigendes empfunden, was einen Gott näher bringt, jedenfalls ist das unbeschwerte Leben gefährlich, weil es ablenkt und von Gott abbringen könnte. Das Gewissen wird entsprechend überempfindlich. Während eine gesunde Persönlichkeit zwischen der Eigenverantwortung in einem ernsthaften Konflikt und dem klärenden Streit im Alltag unterscheiden kann, neigt ein vom strengen Christsein geprägter Mensch zum übersensiblen Gewissen. Konflikte werden dann immer als persönliche Schuld empfunden, sogar winzige Kleinigkeiten verunsichern, wenn die Person zum Beispiel nicht jeder Bitte um Hilfe nachgeht oder sich viel-

leicht beim Einkaufen an der Kasse vordrängelt. Viele Ausprägungen
von Schuldgefühlen und Verunsicherung sind anzutreffen. So kann es
vorkommen, daß der ängstliche Gläubige gerade bei schwierigen Situationen versagt, weil er befürchtet, sich schuldig machen zu können, und
ein beherztes Eingreifen in eine Situation verpaßt. Wie bereits betont:
Nicht alle Menschen lassen sich so sehr auf den christlichen Glauben
ein, daß sie die negativen Konsequenzen spüren. Letztere sind vor allem
in evangelikalen und fundamentalistischen Kreisen anzutreffen, wenn
auch die Tendenz in der christlichen Theologie schon angelegt ist.

Nur die Gnade erlöst den Menschen: Das ist die Kernaussage der evangelischen Konfessionen. Der Mensch kann dem nichts hinzufügen. Im
Gegenteil: Jeder Versuch, seine Gerechtigkeit vor Gott zu erarbeiten,
wäre ein grober Fehler, weil Schuldhaftigkeit nicht ernstgenommen würde. Der einzige Weg ist nach evangelischer Theologie die Erlösung
durch einen Freispruch Gottes. Das bedeutet auf der anderen Seite aber
auch: Der Mensch bleibt immer unfähig, seine Maßstäbe, die er vom
Glauben übernommen hat, zu erfüllen. Er erlebt sich vielmehr als ewig
unvollständig und als Mangelwesen. Was er auch unternimmt, er scheitert wie Sartres Sisyphus. In der bildhaften Erzählung des existentialisti-
schen Philosophen wälzt die mythische Sagengestalt einen großen Stein
den Berg hinauf. Angekommen an der Spitze, rollt jener auf der anderen
Seite des Berges wieder herunter. Sisyphus wandert ihm nach, um ihn
erneut emporzuwälzen, immer und immer wieder. Es ist so paradox wie
der christliche Glaube: Hohen Verhaltensmaßstäben, die Jesus zum Beispiel in der Bergpredigt gesetzt hat, will und muß der Christ nacheifern.
Doch er wird sie - das weiß er - nie erreichen, sondern wird hinter den
Anforderungen zurückbleiben. Junge Menschen müssen lernen, damit
umzugehen, eine reife Persönlichkeit zu sein und trotzdem Schwächen
zu haben und Fehler zu machen. Für das Selbstwertgefühl ist es wichtig,
diese Tatsache nicht als Widerspruch zu erleben. Es gibt keine Vollkommenheit. Das Ideal ist sogar völlig überflüssig, um ein gelungenes und
erfülltes Leben zu führen. Aber gerade diese Sichtweise versperrt das
Christentum.

Die Gnade ist trotz allen Zusicherungen von Predigern und Theologen
nicht automatisch für jeden bestimmt. Ein Gleichnis illustriert die Situation:

Er sagte ihnen aber dies Gleichnis: Es hatte einer einen Feigenbaum,
der war gepflanzt in seinem Weinberg, und er kam und suchte Frucht
darauf und fand keine. Da sprach er zu seinem Weingärtner: Siehe,
ich bin nun drei Jahre lang gekommen und habe Frucht gesucht an die-
sem Feigenbaum und finde keine. So hau ihn ab! Was nimmt er dem
Boden die Kraft? Er aber antwortete und sprach zu ihm: Herr, laß ihn
noch dies Jahr, bis ich ihn grabe und dünger; vielleicht bringt er doch
noch Frucht; wenn aber nicht, so hau ihn ab. [23]

Am Anfang des gleichen Evangeliums wird Johannes der Täufer noch
deutlicher:

Es ist schon die Axt den Bäumen an die Wurzel gelegt; jeder Baum, der
nicht gute Frucht bringt, wird abgehauen und ins Feuer geworfen. [24]

Von der einzelnen Person verlangen neutestamentliche Texte die
Umkehr und Buße, die Erfüllung der religiösen Maßstäbe. Der Druck
ist groß und nimmt mit der Erkenntnis, jene nie erreichen zu können,
sogar noch zu. So wächst die Angst vor Strafe, vor der „Axt" Gottes:
„Mache ich jetzt etwas falsch? Ist meine Unzufriedenheit und Angst
nicht schon ein Zeichen von mangelndem Vertrauen in Gott und damit
Sünde?" Jede Aggression wird möglicherweise aus Angst unterdrückt.
Psychologen kennen die Gefahr, daß sich unterdrückte Aggression ein
Ventil sucht, dann aber um so heftiger gegen andere Menschen oder
auch gegen die eigene Person. Autoaggression nennt sich letztere Vari-
ante, die sich in einem unbarmherzigen Umgang mit sich selber ausdrückt: Jemand meidet schöne Dinge, liebe Menschen, sexuelle Erlebnisse und glückliche Gefühle. Daher übt die Person Verzicht, auch wenn
die Seele schreit, lädt sich Arbeit auf oder schlägt sich im Extremfall
auch selbst.

Angst engt ein und verkleinert den Handlungsspielraum eines Menschen. An Stelle von eigenverantwortlichen Entscheidungen sucht die
eingeschüchterte Person Halt in festen Regeln und Anweisungen der
Bibel. So nimmt die Ethik einen aufzählenden Charakter an: Du sollst
dies nicht, Du sollst das nicht ... Doch wer darauf baut, wird im Leben
scheitern. Ein Unternehmer, der über die Entlassung von Mitarbeitern

---

[23] Lukas 13, 6 - 9
[24] Lukas 3, 9

entscheidet, kann mit Regeln einer Agrargesellschaft aus der Zeit Jesu wenig anfangen, genausowenig der Politiker, der über den Betrieb eines Atomkraftwerkes entscheidet. Hier geht es um Risikokalkül, um schnelles Handeln, das zwischen negativen und positiven Effekten entscheiden muß. Nicht selten führen strenge Christen daher zwei Leben. In ihrem Beruf sind sie kaum zu erkennen. Erst im Privatleben gelten plötzlich ganz andere Verhaltensmaßstäbe.

2.3 DER LOGISCHE ZIRKEL

Eines der schwierigsten Klippen der Theologie dürfte die Rechtfertigungslehre sein. Sie fokussiert das Verhältnis von Gnade und Glaube, von Schuld und Vergebung. Immer wieder stolpern selbst studierte Theologen über die These, daß der Mensch nichts von sich aus tun kann, um freigesprochen zu werden. Auf der anderen Seite ist aber von „Frucht" die Rede, die der Christ hervorbringen soll. Es darf nicht alles beim Alten bleiben, wenn jemand eine Beziehung zu Gott haben will. Der Mensch müsse Buße üben und ein entsprechendes Leben führen. Ganz zu schweigen vom Glauben, der ausdrücklich als Bedingung für die Gnade Gottes genannt wird:

Wer da glaubt und getauft wird, wird errettet werden; wer aber nicht glaubt, wird verdammt werden. [25]

Wer an ihn glaubt, wird nicht gerichtet; wer aber nicht glaubt, ist schon gerichtet, weil er nicht geglaubt hat an den Namen des eingeborenen Sohnes Gottes.[26]

Wer an den Sohn glaubt, hat ewiges Leben; wer aber dem Sohne nicht glaubt, wird das Leben nicht sehen, sondern der Zorn Gottes bleibt auf ihm.[27]

Wie paradox diese christliche Theologie ist, deckt eine logische Analyse auf: Die Proposition q, Inhalt einer Aussage, sei das, was in der Theologie als „Heil" bezeichnet wird. Es kann für die Vergebung der Sünde stehen oder auch für das ewige Leben. Negativ ausgedrückt: q meint, daß

---

[25] Markus 16, 16
[26] Johannes 3, 18
[27] Johannes 3, 36

der Mensch nicht in die Hölle kommt, also von Gott verdammt wird. Sowohl in den Evangelien als auch später in der Offenbarung des Johannes geht es um das Entweder-Oder: Entweder der Mensch ist verdammt oder er erlangt das Heil. Entsprechend muß sich der Mensch entscheiden: für oder gegen Gott. Eine unverbindliche, neutrale Haltung gibt es nicht.

Ich kenne seine Werke, daß du weder kalt noch warm bist. Ach, daß du kalt oder warm wärest! Weil du aber lau bist und weder warm noch kalt, werde ich dich ausspeien aus meinem Munde.[28]

In der Tradition, angefangen bei der Stammesreligion von Abraham bis hin zu den Propheten der Achsenzeit während des babylonischen Exils, war das religiöse Leben stark geprägt von Verpflichtungen wie dem regelmäßigen Opfer, Verhaltensregeln und Festen. Der Gläubige verstand sich als Teil eines Volkes, das zugleich eine Religionsgemeinschaft war. Parallelen gibt es in vielen anderen Religionen über das Judentum hinaus. Eine Person (a) mußte also etwas (p) tun, um unter der Gnade des israelischen Gottes zu stehen (q). Entsprechend sei das zweistellige logische Prädikat „D" (für „do" = tun) eingeführt. So ergibt sich in formallogischer Sprache für die oben beschriebene Soteriologie:[29]

$$Dap \rightarrow q$$

Übersetzt würde das heißen: Wenn a (eine Person) p (die Gesetze des Mose) erfüllt, dann gilt q, nämlich der Segen Gottes. Diese alttestamentliche Grundüberzeugung kann auch als Verheißung formuliert werden:

$$(\forall x)(Ix \wedge Dxp \rightarrow q)$$

Für alle x gilt, x gehört zum Volk Israel und wenn x die Gesetze Mose erfüllt, erlangt x den Segen Gottes. Das bedeutet nicht, daß das Judentum keine Gnade kennen würde. Denn würde q ausschließlich durch Dap impliziert, müßte eine Bisubjunktion an Stelle der Subjunktion (aus a folgt b) gesetzt werden.

In der christlichen Theologie ist es anders, wie die obengenannten Verse aus der Bibel belegen: Hier ist der Glaube die entscheidende Voraussetzung für das Heil des Menschen und die Vergebung seiner Sünden.

---

[28] Offenbarung des Johannes 3, 15 - 16
[29] Soteriologie (altgriechisch) = Heilslehre

Entsprechend ist das zweistellige, logische Prädikat G für „glauben" ein-
zuführen.

Gap → q

Wenn a glaubt, daß p gilt, dann trifft q zu. Was steht aber nun für die
Proposition p und was für q? Der Christ muß glauben, daß Gott ihm
aufgrund des Kreuzestodes Jesu vergeben will. Und das wird Gott dann
tun, wenn der Mensch an dieses Erlösungsangebot glaubt. Mit anderen
Worten: Wenn der Mensch (a) glaubt, daß Gott ihn erlöst (p), dann
erlöst Gott ihn (q). Die Propositionen p und q sind also identisch. Eine
logische Transkription lautet deshalb:

$(\forall x)(Mx \wedge Gxp \rightarrow p)$

Für alle x gilt, x ist ein Mensch, und wenn dieser Mensch glaubt, daß p
gilt, dann gilt p. Der Zirkel der christlichen - vor allem evangelischen -
Theologie ist kaum darzustellen. Genaugenommen muß der Mensch
nämlich glauben, daß, wenn er glaubt, daß p gilt, p wirklich gilt. Dieser
komplizierte Zusammenhang wird eher in der formallogischen Schreib-
weise deutlich, wenn p durch den gesamten logischen Ausdruck substitu-
iert (ersetzt) wird.

p = Gap → p

Der zweite Teil ist das fundamentale Glaubensbekenntnis, das die Erlösung durch Glauben beinhaltet. Und gerade daran hat der Christ zu
glauben. Die Folge ist eine unendliche Rekursion bzw. Selbstähnlichkeit
des Glaubensinhaltes, der sich dadurch als eine leere logische Hülle
offenbart.

1. Substitution: Ga(Gap → q) → q

2. Substitution: Ga(Ga(Gap → q) → q) → q

Die Sache verkompliziert sich noch, wenn man berücksichtigt, daß der
christliche Glaube sich als einziger Zugang zu Gott versteht. Statt einer
Subjunktion gilt also eine Bisubjunktion von Glaube und Heil.

Gap ↔ p

Übersetzt heißt dies: p gilt nur dann und nur dann, wenn a glaubt, daß
p gilt. Die Existenz von p - also des Heils - ist also kausal abhängig von

der Tatsache des Glaubens. Das bedeutet aber nichts anderes, als daß die Bedingung für die Existenz von p die Referenz von a auf p ist, da „glauben" ja ein referentieller Akt ist. Durch die Ausschließlichkeitsthese ist Referenz sogar mit Existenz äquivalent gesetzt. Der Gläubige steht vor einer unmöglichen Aufgabe: Er muß sich in seinem Glauben auf etwas beziehen, was gar nicht existiert, nämlich p, denn die Bedingung für p ist ja der referentielle Akt. Die christliche Theologie macht nicht nur den Fehler einer unendlichen Selbstbezüglichkeit der Heilsbedingung, sondern vermischt auch die beiden logischen Kategorien von Moralität, Existenz und Semantik (Referenz). Es ist schwer, ein unabhängiges Beispiel zu geben: Es ist so, als ob ich mit dem Finger auf ein Haus zeigen soll, das es erst dadurch gibt, weil ich darauf zeige.

Die Folgen für einen Menschen, der das christliche Weltbild angenommen hat und nun die Verurteilung und Strafe Gottes vermeiden will, sind fatal. Er wird versuchen, die Bedingung des Glaubens zu erfüllen und damit dem Widerspruch ewig hinterherlaufen. Denn wenn er Heilsgewißheit haben will, muß er sich fragen, ob er tatsächlich glaubt. Doch schon der Glaubensgegenstand ist selbst wieder von seinem Glauben abhängig. Die Frage ist unbeantwortbar und die christliche Heilsbedingung allein aus logischen Gründen nicht einzuhalten. Hier geht es nicht um die Frage, ob sich Gott der menschlichen Logik entzieht, sondern um die fundamentale Glaubensaussage. Nicht erst bei den Inhalten (Semantik), schon an der Bedingung der Möglichkeit eines sinnvollen Inhaltes (Syntax) scheitert die Theologie.

Aber nicht nur die Aporie ist die Folge für den Christen, der dem Glauben gerecht werden will, sondern auch eine tiefe Depression. Denn der logische Zirkel findet sich in dem Prinzip dieser psychischen Belastung wieder. Ein depressiver Mensch ist nicht einfach traurig, weil ihm etwas mißlungen ist. Er fühlt sich nicht niedergeschlagen, weil das Wetter schlecht ist. Das können zwar Auslöser für einen Depressionsschub sein. Entscheidend ist aber, daß der Depressive negative Gefühle aufgrund von negativen Gefühlen hat. Mit anderen Worten: Wenn er in einer bedrückenden Stimmungslage ist, dann zieht ihn diese bedrückende Stimmungslage noch weiter herunter. Es fehlt eine „Erdung", der Bezug des Gefühlslebens zur Realität. Dadurch verlernt der Mensch aber auch mehr und mehr, sich selbst und seine Gefühle zu steuern. Es verwundert also nicht, daß depressive Menschen kurzzeitig in extremer Hochstimmung sein können, um dann wieder um so extremer herunterzufallen. In diesem Fall erzeugen glückliche Gefühle noch mehr glückliche Gefühle. Die pessimistische Grundhaltung erinnert einen depressiven Menschen dann aber wieder schnell an die drohenden negativen Gefühle. Die Angst vor diesen Gefühlen beschwört diese allerdings herauf, so daß ein weiterer Depressionsschub ansteht. Das geht soweit, daß der Rhythmus von positiven und negativen Gefühlen, die jeder Mensch durch Mißerfolge und Erfolge erlebt, aus den Fugen gerät. Wenn man sich jenen Rhythmus stark schematisiert als Sinuskurve verdeutlicht, so verläuft das Gefühlsleben des Depressiven als Tangenskurve. Das steigende Gefühl führt zum Glücksgefühl, das am Höhepunkt gleichbedeutend mit der tiefsten Depression ist. Das führt zu Zweierlei: Zum einen wird das emotionale Tief fast als Erleichterung erlebt, weil die Angst vor dem „Absturz" nicht vorhanden ist. Zum anderen wird der Depressive positive Gefühle meiden, so daß in einer Gesamtsicht die Stimmungslage trotz Schwankungen immer weiter absinkt, schlimmstenfalls bis zum Suizid. Die beruhigende Wirkung des emotionalen Tiefs kann zu einer regelrechten Suche nach dem Leid führen und das ist tatsächlich bei einigen Christen zu beobachten, die im Leid eine Läuterung und Prüfung Gottes sehen und manchmal sogar selbst herbeiführen. Eine Parallele ist der Selbsthaß, bei dem Menschen sich selbst schlagen oder Schmerzen zufügen und dadurch Befriedigung empfinden. Fazit des Vergleichs von der Struktur der Heilslehre mit der der Depression ist, daß derjenige, der die beschriebene christliche Theologe ernst nimmt, sich in die psychische Krankheit oder zumindest Belastung, die nicht sein bräuchte, manövriert.

Im Katholizismus sieht das logische Schema anders aus. Dort gibt es ähnlich dem ersten logischen Schema Gap → q ethische Regeln, religiöse Pflichten und Sakramente, die dem Menschen das Heil sichern. Das liegt unter anderem daran, daß es eine Religion für die Masse ist. Erfüllt jemand sein Soll an Vorschriften und Regeln, ist diese Person frei, um sich um seine persönlichen Bedürfnisse kümmern zu können; er oder sie kann soziale Beziehungen aufbauen, einem Beruf nachgehen oder zum Beispiel eine Familie gründen. Von daher ist die katholische Kirche menschenfreundlicher als evangelikale Gemeinden, die hundertprozentig auf die Glaubenslehre bauen. Schon die evangelischen Landeskirchen haben in der Regel die strikte Theologie abgeschwächt und pflegen mit der Kindertaufe und Konfirmation eine Möglichkeit, der Religion Genüge getan zu haben.

Der evangelische Reformator Dr. Martin Luther litt selbst unter der Suche nach dem Heil. Er mag intuitiv erkannt haben, daß der Glaube als Heilsbedingung zu dem genannten Zirkel führt. Zwar prägte gerade er wie kein anderer die evangelische Theologie mit dem Kernsatz „sola fide et sola scriptura" - allein der Glaube und allein die Schrift. Doch kehrte er die Implikation in seiner Prädestinationslehre geschickt um. Diese besagt, daß die Erlösung nicht eine Leistung des Menschen, sondern einzig eine Erwählung Gottes ist. Dementsprechend ist der Glaube äußeres Zeichen dieser Erwählung. Wer nicht glaubt, ist eben nicht von Gott für die Vergebung der Sünden und das ewige Leben berufen. Wer aber glauben kann, der gehört zu seinen Auserwählten. Eine formallogische Transkription müßte also lauten:

$Gap \rightarrow p$

Wenn das Heil geschenkt wird (p), dann glaubt a auch, daß ihm das Heil geschenkt wird. Zwar fällt hier der logische Zirkel nicht so stark auf, doch dafür gibt es Probleme mit den biblischen Quellen. Ausdrücklich ist in der Bibel von der Entscheidung des Menschen die Rede, die nur dann einen Sinn macht, wenn dem Menschen die freie Wahl tatsächlich offen steht.

Nachdem aber Johannes gefangengesetzt war, kam Jesus nach Galilea und predigte das Evangelium Gottes und sprach: Die Zeit ist erfüllt, und das Reich Gottes ist herbeigekommen. Tut Buße und glaubt an das Evangelium.[30]

Jesus stellte in seinen vielen Begegnungen die Menschen immer wieder vor eine Entscheidung. Selbst in sogenannten Wunderheilungen bezog er die kranken Menschen mit ein. Johannes der Täufer rief ähnlich zur Umkehr auf und später warb Paulus für eine Entscheidung zu Gunsten des Christentums.

Eine eingehende logische Analyse der christlichen Theologie würde noch mehr Paradoxa ans Tageslicht bringen, darunter beispielsweise die Allmachts- und Allwissenheitsthese. In der Scholastik kursierte das

---

[30] Markus 1 , 14 - 15

Gedankenexperiment, ob Gott wohl einen so großen Stein erschaffen kann, daß er ihn selbst nicht mehr heben kann. Auch Allaussagen gleich welchen Inhalts besitzen meist die Tücke des Selbstwiderspruchs. Ein allmächtiger Gott müßte strenggenommen auch gegenüber sich selbst mächtig sein. Vielleicht sind diese Aussagen in der christlichen Theologie auch gar nicht so entscheidend.

Ein weiterer logischer Fallstrick des Christentums ist eine Fülle von Metaphern, die strenggenommen inhaltsleer sind. Prediger sprechen vom Sinn des Lebens, ohne auf die Struktur der Sinnfrage einzugehen, also eine echte Antwort zu geben. Andere sprechen gar von der Quelle des Lebens, benutzen Lichtmetaphern und setzen damit auf die assoziative Wirkung der Worte. Es gibt natürlich keine „Quelle des Lebens", sondern nur Quellen, aus denen in der Natur Wasser abgegeben wird. Mit anderen Worten: Viele theologische Behauptungen und Begriffe sind schlicht sinnlose Sätze. Im Vergleich zur Dichtung und Poesie, in denen bildhafte Ausdrücke ein Zeichen für den Reichtum einer Sprache und Imaginationskraft sind, ist die theologische Metaphorik verführerisch, denn das Christentum beansprucht absolute Wahrheit. Wahre Aussagen können aber nur objektsprachliche oder darauf aufbauende metasprachliche Ausdrücke sein. Wer sich darauf verläßt, daß er im Glauben sein Leben „auf Fels baut", der orientiert sich an einem Gefühl und nicht an den Herausforderungen, die das Leben stellt. Insbesondere junge Menschen laufen Gefahr, sich vor dem Leben und wichtigen Erfahrungen zu verschließen, die einen als Person und Persönlichkeit reifen lassen. Darüber hinaus können Schuldgefühle und Selbstzweifel dann entstehen, wenn die Wirklichkeit ganz anders aussieht als die theologischen Worthülsen nahelegen. Der Gläubige verliert schließlich die Fähigkeit, Meinungen und Aussagen auf ihre Wahrheit hin zu überprüfen, da er gelernt hat, sich auf bloße Begriffe zu verlassen. Niemand kann sein Leben auf Fels bauen, höchstens ein Haus. Das Bild muß mit einem konkreten Lebensentwurf ausgefüllt werden, wenn es praktische Bedeutung haben soll. Es kann zum Beispiel bedeuten, auf kooperatives Verhalten zu setzen, einen soliden Beruf zu erlernen oder welche Facette auch immer. Prediger streuen den Menschen Sand in die Augen, ködern mit sinnlosen Sätzen, ohne ihre Behauptungen konkret zu beschreiben und der Bewahrheitung auszusetzen. Der Verweis auf gelungene Biographien erscheint willkürlich, zumal selbst christliche Denker von Augustinus (354 - 430) über Martin Luther bis Sören Kierkegaard (1813 - 1855) selbst depressiv waren, Probleme mit sich und dem Glauben hatten. Auch im Falle der leeren Worthülsen besteht wieder die Gefahr der selbstbezüglichen Gefühle. Assoziationen und Gefühle, die jene auslösen, werden zum Maßstab eines guten Glaubens und „richtigen Lebens".

2.4 DAS CHRISTLICHE LEBEN IN DER „ZWANGSJACKE"

Es mag verwundern, daß der brutale Kapitalismus, der auf ein unverrückbares Leistungsprinzip pocht, im Christentum seine Wurzeln hat und dort auch immer noch gepredigt wird, obwohl ja der Glaube als alleiniger Weg zu Gott proklamiert wird. Doch wie in jeder geschichtlich gewachsenen und so verbreiteten Religion wie dem Christentum gibt es Brüche in der Argumentation. Paradoxe Überzeugungen und religiöse Traditionen bestehen nebeneinander. Eine der zentralen Stellen in der Bibel ist das Gleichnis Jesu über die vergrabenen Talente:

Denn es ist wie mit einem Menschen, der außer Landes ging: er rief seine Knechte und vertraute ihnen sein Vermögen an; dem einen gab er fünf Zentner Silber, dem anderen zwei, dem dritten einen, jedem nach seiner Tüchtigkeit, und zog fort. Sogleich ging der hin, der fünf Zentner empfangen hatte, und handelte mit ihnen und gewann fünf weitere dazu. Ebenso gewann der, der zwei Zentner gewonnen hatte, zwei weitere dazu. Der aber einen empfangen hatte, grub ein Loch in die Erde und verbarg das Geld seines Herrn. Nach langer Zeit kam der Herr dieser Knechte und forderte Rechenschaft von ihnen. Da trat herzu, der fünf Zentner empfangen hatte, und legte weitere fünf Zentner dazu und sprach: Herr, du hast mir fünf Zentner anvertraut; siehe da, ich habe damit fünf weitere Zentner gewonnen. Da sprach der Herr zu ihm: Recht so, du tüchtiger Knecht, du bist wenigem treu gewesen, ich will dich über viel setzen; geh hinein in deines Herrn Freude! Da trat auch herzu, der zwei Zentner empfangen hatte: Herr, du hast mir zwei Zentner anvertraut; siehe da, ich habe damit zwei weitere gewonnen. Sein Herr sprach zu ihm: Recht so, du treuer und tüchtiger Knecht, du bist über wenigem treu gewesen, ich will dich über viel setzen; geh hinein zu deines Herrn Freude! Da trat auch herzu, der einen Zentner empfangen hatte, und sprach: Herr, ich wußte, daß du ein harter Mann bist; du erntest, wo du nicht gesät hast, und sammelt ein, wo du nicht ausgestreut hast; und ich fürchtete mich und verbarg deinen Zentner in der Erde. Siehe, da hast du das Deine. Sein Herr aber antwortete und sprach zu ihm: Du böser und fauler Knecht! Wußtest du nicht, daß ich ernte, wo ich nicht gesät habe, und einsammle, wo ich nicht ausgestreut habe? Dann hättest Du mein Geld zu den Wechslern bringen sollen, und wenn ich gekommen wäre, hätte ich das Meine wiederbekommen mit Zinsen. Darum nehmt ihm den Zentner ab und gebt ihn dem, der zehn Zentner hat. Denn wer hat, dem wird gegeben werden, und er wird die Fülle haben, wer aber nicht hat, dem wird auch, was er hat, genommen werden. Und den unnützen Knecht werft in die Finsternis hinaus; da wird sein Heulen und Zähneklappern.[31]

Wer den Text im ursprünglichen Sinne auslegen will, muß genau analysieren und den Kontext erkennen, in dem die Geschichte überliefert und vermutlich auch entstanden ist. Anhand von weiteren Gleichnissen ist anzunehmen, daß es in den früheren Christengemeinden eine Tendenz zur Unverbindlichkeit gab. Die zugesprochene Vergebung Gottes sollte jedoch - darüber waren sich die ersten Köpfe der Bewegung einig - kein Freibrief für beliebiges Handeln sein. So wurde beispielsweise das Gleichnis von der königlichen Hochzeit, bei dem schließlich alle Bettler und Obdachlosen eingeladen wurden, mit dem Detail ergänzt, daß jemand ohne Festgewand vor verschlossener Tür bleiben muß.[32]

Dennoch: Das Gleichnis bringt einen brutalen Leistungsgedanken zu Tage und wurde auch so im Christentum vertreten. In der säkularisierten christlichen Welt, dem modernen Europa und den USA gehört es zu den Grundüberzeugungen, daß ein Mensch sich durch seine Leistung eine Wertigkeit erarbeiten muß. Zumindest wird das Leistungsprinzip, nach dem es gilt, Güter oder Geld immer weiter zu steigern, nicht angezweifelt. Es wird auch nicht angezweifelt, daß derjenige, der eine gute Leistung zeigt, dafür seine Ressourcen - an Gütern oder Geld - erweitert. Reichtum wird durch Leistung und Einsatz legitimiert. Zwar gab es in der Sozialgeschichte immer wieder Gegenbewegungen, deren bedeutendste wohl die Arbeiterbewegung mit Sozialismus und Kommunismus war. Doch das Prinzip von Solidarität und Ausgleich der Ressourcen

---

[31] Matthäus 25, 14 - 30, und auch Lukas 19, 1 - 2
[32] Matthäus 22,1 -14, vergleiche Lukas 14,16 - 24

gehört mittlerweile längst wieder zum Auslaufmodell. Ohne Rechtfertigungszwang werden soziale Sicherheiten, Entlohnung, persönliche Bedürfnisse des Menschen unter das Diktat der Ökonomie gestellt. Wer nicht mitkommt, hat eben Pech gehabt und muß sich mit wenig Ansehen in der Gesellschaft und Partizipation an ihren Erfolgen zufrieden geben.

Der Gedanke, daß ein Mensch erst einmal Leistung zeigen muß, um sein Lebensrecht zu beweisen, ist ein zutiefst christlicher Gedanke, der sich im zitierten Gleichnis widerspiegelt. Der Apostel Paulus setzt dem die Krone auf, indem er behauptet:

Denn schon als wir bei euch waren, geboten wir euch: Wer nicht arbeiten will, der soll auch nicht essen.[33]

Die Würde des Menschen steht auch beim Christentum im Zusammenhang mit der Leistungsfrage zurück. Die Leistung gilt nicht als bloßes Mittel für ein gelungenes Leben, sondern als Pflicht, im Gleichnis sogar als Dienst gegenüber Gott. Der Wahnsinn der Leistungssteigerung und des Profits, der die Welt bereits an den Rand der Ökokatastrophe gebracht hat und eine Kluft zwischen siechender Armut und üppigem Reichtum geschaffen hat, wird im Christentum zum Gebot stilisiert. Gefährlich ist das für Menschen, denen als Ausgleich zu diesem Leistungsanspruch eine soziale Gemeinschaft fehlt, die dem Menschen das Gefühl gibt, unabhängig von der Leistung geliebt zu werden. Selbstannahme ist dann gekoppelt mit der Leistung, die ein Mensch fähig ist zu erbringen. Fehlt sie, droht die Selbstverachtung oder die Scham, keinen Erfolg vorweisen zu können. Das biblische Gleichnis rechtfertigt sogar, Menschen für nicht erbrachte Leistung zu bestrafen und denen zu geben, die schon im Überfluß leben. Übertragen heißt das: Der Kapitalist darf sich an den Schwachen bereichern und sie ausbeuten.

Der strikte Leistungsanspruch verblaßt aber im Vergleich zum Liebesgebot: Die Bergpredigt fordert totale Aufopferung, Zuneigung wird zur Pflicht erhoben:

---

[33] Thessalonicher 3, 10

Er antwortete und sprach: Du sollst den Herren, deinen Gott, lieben von ganzem Herzen, von ganzer Seele, von allen Kräften und vom ganzen Gemüt, und deinen nächsten wie dich selbst.[34]

Während im Johannesevangelium mit Liebe nichts anderes als das Einhalten von Regeln (Geboten) gemeint ist[35], formuliert das Lukasevangelium wesentlich unklarer: Liebe scheint hier etwas Affektives zu sein. Doch es ist unmöglich, eine emotionale Zuwendung zu einer Pflicht zu machen, denn sie ist nur begrenzt steuerbar. Darauf wies bereits der Philosoph Immanuel Kant in der „Kritik der praktischen Vernunft" hin:

Aber die Liebe zu Gott als Neigung (pathologische Liebe) ist unmöglich; denn er ist kein Gegenstand der Sinne. Ebendieselbe gegen Menschen ist zwar möglich, kann aber nicht geboten werden; denn es steht in keines Menschen Vermögen, jemanden bloß auf Befehl zu lieben. Also ist es bloß die praktische Liebe, die in jenem Kern aller Gesetze verstanden wird. Gott lieben heißt in dieser Bedeutung, seine Gebote gerne thun; den Nächsten lieben heißt, alle Pflicht gegen ihn gerne ausüben. Das Gebot aber, das dieses zur Regel macht, kann auch nicht diese Gesinnung in pflichtgemäßigen Handlungen zu haben, sondern blos danach zu streben gebieten. Denn ein Gebot, daß man etwas gerne thun soll, ist in sich widersprechend, weil, wenn wir, was uns zu thun obliege, schon von selbst wissen, wenn wir uns überdem auch bewußt wären, es gerne zu thun, ein Gebot darüber ganz unnöthig, und, thun wir es zwar, aber eben nicht gerne, sondern nur aus Achtung fürs Gesetz, ein Gebot, welches diese Achtung eben zur Triebfeder der Maxime macht, gerade der gebotenen Gesinnung zuwider wirken würde.[36]

Wieder taucht ein logischer Zirkel auf: Es gibt also ein Gebot zu lieben, das, wenn jemand Gott und seinen Nächsten liebt, zugleich erfüllt wird und nicht erfüllt wird, wenn die Person es nur auf Grund des Gebotes tut. Hält sich der Christ wieder den Spiegel vor, um sich zu fragen, ob

---

34 Lukas 10, 27

35 Johannes 14, 21: „Wer meine Gebote hat und sie hält, der ist es, der mich liebt; wer aber mich liebt, wird von meinem Vater geliebt werden; und ich werde ihn lieben und mich selbst ihm offenbar machen."

36 Immanuel Kant, Kritik der praktischen Vernunft (1788), Kants Werke, Akademie Textausgabe Band 5, Berlin 1968, Seite 83

er Gottes Bedingungen erfüllt, kann es keine Antwort geben. Es entstehen lediglich Selbstzweifel und -vorwürfe. Einen Ausweg bietet die Definition der Liebe im Sinne von Johannes, der sie als Erfüllung der Gebote bestimmt. Dann hat aber das Christentum einen sehr verarmten Begriff der Liebe, der Zuneigung und Barmherzigkeit ausschließt. Zärtlichkeit und Nähe hat das Christentum ohnehin in seiner Tradition ausgeklammert, wenn es um Liebe ging, indem es den Begriff entmaterialisiert und als Agape, als göttlich-reine Liebe, gefeiert hat. Geht ein Christ ganz in dieser Anschauung auf, wird ihm eine entscheidende Beziehungsfähigkeit fehlen, in der Partnerschaft oder unter Freunden. Hilfsbereitschaft und Sympathie steht fortan unter dem Diktat der Pflicht.

Die Bergpredigt[37] ist ein weiteres Beispiel für den extrem hohen Anspruch, der den einzelnen Christen überfordern kann, wenn er sie wörtlich ernst nimmt. Sie verlangt, sich schlagen zu lassen, Feinde wie Freunde zu behandeln oder das Leid selig zu preisen.

Von dieser Ausformung des christlichen Liebesgebotes ist es nicht mehr weit zur demütigen Grundhaltung. Sie wurde sogar zur ethischen Norm erhoben. Die demütige Lebenshaltung sei die christliche und von Gott gewollte, so war sie lange Zeit ganz selbstverständlicher Bestandteil der christlichen Erziehung. Das zum Leben notwendige Selbstbewußtsein und die Durchsetzungsfähigkeit gehen bei Menschen, die sich auf diese Werte einlassen, verloren. Sie machen sich klein, ducken sich und scheuen sich, ihren eigenen Gefühlen, zum Beispiel Wut, Ausdruck zu verleihen. Konflikte durchzustehen und zu streiten gilt als hochmütig, erst recht die kritische Auseinandersetzung mit dem Glauben, obwohl gerade das Alte Testament genügend Beispiele enthält, wo Menschen, von Abraham über Jakob bis Hiob, mit Gott „gerungen" haben. Ein Gipfel dieser Demutshaltung findet sich als Beleg sicherlich in der Bergpredigt:

Ihr habt gehört, daß gesagt ist (2. Buch Mose 21, 24): „Auge um Auge, Zahn um Zahn." Ich aber sage euch, daß ihr nicht widerstreben sollt dem Übel, sondern: wenn dich jemand auf deine rechte Backe schlägt, dann biete die andere auch dar. Und wenn jemand mit dir ‚rechten will und dir einen Rock nehmen, dem laß auch deinen Mantel. Und

---

[37] Matthäus 5 - 7, Lukas 6, 17 - 49

wenn dich jemand nötigt, eine Meile mitzugehen, so geh mit ihm zwei. Gib dem, der dich bittet, und wende dich nicht ab von dem, der etwas von dir borgen will.[38]

Der freiwillige Verzicht auf eigene Rechte und Glück führt in der Praxis kaum zu einem positiven Ergebnis für irgendeine Person. Vielmehr gibt das Verhalten denjenigen Raum, die skrupellos andere Menschen ausnutzen. Auf die Politik übertragen kann diese Demutshaltung eine Katastrophe bedeuten: Die demütige Enthaltung, zum Beispiel unter dem Vorwand des Pazifismus, unterstützt immer den Unterdrücker. Oft macht es sich der Demütige auch zu einfach: Er entzieht sich dem Konflikt und der Entscheidung, für seine Position einzutreten und abzuwägen, welche Mittel er einsetzt, um sie durchzusetzen. Es gehört gerade zur ethischen Reife, sich zwischen zwei Handlungsalternativen zu entscheiden, die jeweils auch einen Schaden anrichten können. Zum Beispiel kann es richtig sein, Gewalt anzuwenden, um weitere Gefahr für das Opfer eines Überfalls abzuwenden. Oder jemand verweigert seine Hilfe, weil eine Person lernen muß, ihren eigenen Weg zu gehen und Probleme zu lösen. In anderen Fällen mag ein Unternehmer Mitarbeiter entlassen und dadurch einen Rest von Arbeitsplätzen sichern, während es für die Entlassenen eine persönliche Katastrophe bedeutet. Viele Beispiele ließen sich dazu finden.

Demut führt zur Unterdrückung der eigenen Gefühle und zu einem folgenreichen aggressionsgehemmten Verhalten. Dieses drückt sich nicht nur in der mangelnden Durchsetzungsfähigkeit aus, sondern letzlich in einem autoaggressiven Verhalten. Selbsthaß entsteht dort, wo die Aggression keinen Weg findet, sich auszuleben. In manchen Fällen stellt der Mensch sogar sein Leben in Frage, das er gemäß des Bibelwortes - von Staub zu Staub[39] - gering achtet. Mit Aggression ist nicht die explosive Wut als kurzfristige Reaktion auf ein Ereignis gemeint, sondern vielmehr die treibende Kraft und der Lebenswille. Wo Aggression unterdrückt wird, wird folglich auch der Lebenswille unterdrückt, der strebende Ehrgeiz, ein Leben selbst zu gestalten und Erfolg zu ernten, der wiederum die Persönlichkeit aufbaut. Ebensowenig wie die Lust am Leben kann sich Sexualität entfalten, die bestenfalls zu einem Fortpflan-

---

[38] Matthäus 5, 33 - 42
[39] Zum Beispiel Genesis 3, 19

zungsakt verkümmert. Und tatsächlich gab es theologische Strömungen, die darin den einzigen, ethisch legitimierten Sinn der Sexualität sahen.

Der demütige Mensch setzt seinen Wert niedriger als den seiner Mitmenschen. Seine Haltung ist meist eine reflektierende und bewußt entscheidende. Doch wie auch die Aggression fehlt, so fehlt auch die Fähigkeit zur Freude, zur ausgelassenen Freude, die nicht darüber nachdenkt, ob es nun auch wirklich richtig ist, sich zu freuen, oder ob es nicht leichtfertig, vielleicht sogar Sünde ist. Die Folge sind Depressionen. Es verwundert nicht, daß vor allem unter fundamentalistischen Christen Menschen anzutreffen sind, die unfähig sind, sich zu freuen oder zu lachen. Insbesondere das Lachen ist keine Demutshaltung, sondern ein Ausdruck von Spontanität, Lebenslust und ein Zeichen von sozialer Zugehörigkeit. Der Einsame lacht nicht, denn er ist nicht in diese Beziehungsdynamik einbezogen. Er kann es meist sogar nicht nachvollziehen, warum die Menschen, die er beobachtet, lachen. Demut isoliert, sie macht unterwürfig und grenzt aus, denn der demütige Mensch sieht sich nicht in einer gleichwertigen Position in der Gemeinschaft, sondern in der Rolle des Dienenden.

Wird die Demut mit einer streng gottergebenen Lebensweise verbunden, wird der Mensch eigenverantwortliche Tätigkeiten als Hochmut deuten. Ethisch legitimes Verhalten ist dann nur das, was durch Gebote oder beispielhaftes Verhalten von Personen der Bibel belegt ist. An ein kritisches Prüfen und Zweifeln ist nicht zu denken, damit aber auch nicht an eine differenzierte Analyse der Umwelt. Wofür auch? Das Verhalten ist strikt durch die Bibel vorgegeben - so die demütige Haltung. Sie lehnt die Autonomie - also den mündigen Menschen, der sich selbst sein Gesetz gibt[40] - ab. Wenn Jugendliche mit dieser Einstellung und Werthaltung aufwachsen, werden sie lebensunfähig. Sie werden nicht mit den Herausforderungen, Entscheidungen, Meinungen und vielfältigen Lebensweisen fertig werden. Folglich ist gerade bei fundamentalistischen Kreisen ein Selbstisolierung zu beobachten. Die evangelikale Bewegung hat sich eine eigene Subkultur herausgebildet, die mittlerweile weit über ein Gemeindeleben hinausgeht. Es gibt eigene Musik, Rock- und Popgruppen, christliche Festivals und Kongresse, christliche Fernsehsen-

---

40 Immanuel Kant bewies mit seinem kategorischen Imperativ, daß die Autonomie keine Willkür bedeutet.

dungen vom Evangeliumsrundfunk (ERF), eine eigene Presseagentur (idea), eine christliche Vermögensberatung, christliche Wirtschaftsverbände, christliche Buchhandlungen, christliche Zeitplansysteme, christliche Reisebüros und sogar christliche Kosmetik und christliche Partnervermittlung. Es ist wie eine Welt, die um sich selbst kreist. Wer hier ohne Ausgleich seine Sozialisation erfährt, hat Schwierigkeiten, sich später im Leben, zum Beispiel am Arbeitsplatz, zurechtfinden.

Der Christ, der in Demut sein Verhalten reflektiert und den hohen Leistungsanspruch seiner Religion vor Augen hat, hat kaum Zeit, aufzuatmen. Er ist ständig damit beschäftigt, ja keine Sünde zu begehen, es richtig zu machen und ausreichend zu glauben. Da die natürlichen Bedürfnisse eines Menschen den Lebenswillen und die Lebensfreude einfordern[41], gerät der Christ in einen ständigen persönlichen Konflikt. Selbstvorwürfe und Frustration durch ein ewiges Nicht-Einlösen-Können des vermeintlichen Anspruches Gottes sind die Folge.

Manchmal sind Menschen Meister darin, sich unglücklich zu machen. Diese Einsicht des Psychologen Paul Watzlawik trifft auch auf das Gebet zu. Es bietet den Menschen die Gelegenheit, mit Gott zu reden. Viele Bibelstellen versprechen, daß der Betende von Gott angehört wird und dieser helfend eingreift.[42] Allerdings knüpft zum Beispiel das Markusevangelium auch an den Glauben als Bedingung der Erhörung an:

Darum sage ich euch: Alles was ihr bittet in eurem Gebet, glaubt nur, daß ihr's empfangt, so wird's euch zuteil werden.[43]

Eine andere Bedingung ist die fehlende Sünde. Die Sünde könne Ursache dafür sein, daß ein Gebet nicht erhört wird.[44] Als weitere Voraussetzung führt die Thompson Studienbibel Demütigung[45], Aufrichtigkeit[46], Gehorsam[47] und Rechtschaffenheit[48] an. Zum einen sind die

---

[41] Siehe auch das Buch von Robert Wright, Diesseits von Gut und Böse. Die biologischen Grundlagen unserer Ethik, München 1996
[42] Zum Beispiel Matthäus 7, 7
[43] Markus 11, 24
[44] Psalm 66,18
[45] 2 Chronik 7, 14
[46] Jeremia 29,14
[47] 1 Johannes 3, 22; 5,14
[48] Jakobus 5, 16

Bedingungen wie die des Glaubens wieder unklar und sogar - wie bereits oben beschrieben - selbstwidersprüchlich. Darüber hinaus lassen sich immer Beispiele finden, wo ein Mensch im religiösen Sinne nicht demütig oder gehorsam genug war. Damit gerät der Christ, der sich auf diese Anschauung einläßt, in einen selbstbestätigenden Zirkel, der typisch für Religionen ist. Betet der Christ und erlebt er eine Erhörung seines Anliegens, sieht er sich in seinem Glauben bestätigt. Wird er nicht erhört, sieht er seinen Glauben ebenfalls bestätigt, weil er die Ursache mit mangelndem Glauben oder Gehorsam erklärt. Damit setzt sich die Person nicht nur unter Druck und Schuldgefühle, sondern bewegt sich in einer unheilvollen Dynamik. Kommt er der Aufforderung des Gebetes nicht nach, fürchtet der Christ, daß Gott ihn nicht beschützt oder gar wegen seiner vermeintlichen Gleichgültigkeit straft. Daher wird der Christ tunlichst sein Gebet nicht vergessen, sich vielleicht sogar immer öfter an Gott wenden. Wenn der Alltag ganz normal verläuft, sieht sich der Christ darin bestätigt, daß Gott ihn beschützt. Schon ist die Falle zugeschnappt, indem dieser Mensch abhängig von einer religiösen Handlung wird und Ängste entwickelt. Das wird noch dadurch verstärkt, daß die Bibel Dankbarkeit verlangt.[49] Undankbarkeit ist dagegen ein Zeichen von Sünde und Trennung von Gott.[50] Die Folge ist, daß der Christ in jedem Gebet nach Anlässen sucht, für die er sich dankbar erklärt. Unzufriedenheit und Frustration, die im Leben eines Menschen regelmäßig vorkommen, werden deshalb verdrängt statt bewältigt. Vielmehr werden selbst Grundbedürfnisse wie Gesundheit und Nahrung zum Anlaß des Dankes genommen. Damit gelten sie nicht mehr als selbstverständlich, sondern vielmehr als bedroht. Angst stellt sich ein, durch mangelndes Gebet oder fehlende Voraussetzung für die Erhörung die Gesundheit zu verlieren, oder die Befürchtung, daß während des Tages einem selbst oder sogar nahestehenden Menschen etwas zustößt, so daß der Druck der Verantwortung noch einmal wächst. Darüber hinaus mag der natürliche Wunsch, sich mit den Grundbedürfnissen nicht zufriedenzugeben, schon als Undankbarkeit gelten. Auf diese Weise unterdrücken Christen und die christliche Theologie mit verheerenden Wirkungen selbst elementare Bedürfnisse von Maslows Pyramide, darunter das Zugehörigkeitsbedürfnis, Sexualität, Achtung und

---

[49] Zum Beispiel 1. Thessalonicher 5, 18
[50] Zum Beispiel Römer 1, 21

Wertschätzung der Persönlichkeit, Selbstverwirklichung oder Verstehen. Wieder ist das Ergebnis des Christentums die Depression, hier sogar mit Angstzuständen und neurotischer Tendenz.

Der Philosoph Karl Popper (1891 - 1994), der den Begriff des „Kritischen Rationalismus" geprägt hat, erzählte zu diesem Phänomen einmal eine Geschichte: Ein Wissenschaftler will an einem entlegenen Ort einen Tempel einer archaischen Religion untersuchen. Die Ureinwohner behaupten, im Korb auf dem Altar befinde sich die Gottheit in Forrn einer Schlange. Als der Forscher aber heimlich nachprüft und nichts findet, berichtet er den Gläubigen davon. Die haben eine Erklärung: Das sei ganz klar. Wer es wagt, die Gottheit zu prüfen, dem entzieht sie sich. Der Forscher gibt nicht auf, wiegt und durchleuchtet den Korb, findet aber immer wieder nichts. Die Erklärung der Ureinwohner bleibt die gleiche. Die Geschichte Poppers illustriert ein typisches Merkmal von Religion. Sie läßt sich nicht widerlegen; meist sind die Glaubensaussagen so formuliert, daß sie immun gegen Kritik sind. Wissenschaft zeichnet sich dagegen dadurch aus, daß sich ihre Behauptungen widerlegen lassen. Falsifikation beziehungsweise Fallibilität ist das Kriterium, nicht die Verifikation. Allgemeine Aussagen können sich sogar niemals beweisen lassen, weil es theoretisch immer Gegenbeispiele geben kann. Immer wieder mußten Weltbilder und Erkenntnisse in der Geschichte des menschlichen Wissens und der Wissenschaft korrigiert werden. Wilhelm von Occam (1285 - 1349), der Begründer des Nominalismus, zog eine rigorose Konsequenz, die als „Occams Rasiermesser" Geschichte machte. All das, was für eine Erklärung einer Situation, eines Sachverhaltes weggelassen werden kann, können wir getrost aus der Liste der Wahrheiten streichen. Der Schlangengott im Korb gehört ins Reich der Phantasie und hat mit der Realität nichts zu tun.

Die Last der Verantwortung, unter der die Christen stehen, drückte der Liedermacher Manfred Siebald in einem seiner Lieder aus:

Wer das Wüste in der Wüste kennt, ist Schuld daran, wenn andere untergehen.

Gemeint ist die Heilslehre des Christentums mit exklusivem Anspruch, die alle Menschen, die sich ihr nicht anschließen, als verloren und bestimmt für die Hölle ansieht. Jeder Christ hat demnach die Pflicht zur Mission, dem ständigen Versuch, andere Menschen vom Glauben zu überzeugen.[51] Die Verantwortung ist enorm: Schließlich geht es nach traditioneller christlicher Lehre um ewige Qual und Folter derjenigen, die im Gericht Gottes verurteilt werden, weil sie nicht glauben. Die Verkündigung der „Frohen Botschaft" von Christus kann über Leben und Tod entscheiden. Wer diese Überzeugung ernst nimmt, wird jede Begegnung unter diesem Damoklesschwert sehen. Wer schuld sein will, daß der andere auf ewig verloren ist, muß verkündigen, vom Glauben reden, zu Evangelisationen einladen, Traktate verschenken, mit Aufklebern werben, Poster aufhängen und sich an Aktionen beteiligen. Nicht selten entwickelt sich ein Christ dadurch in der Gesellschaft zum „komischen Kauz", der immer wieder vom selben Thema zu reden anfängt. Besonders schüchterne Menschen - und das sind gerade diejenigen, die Demut praktizieren - stehen unter einem beklemmenden Missionszwang. Dadurch kann es passieren, daß sich der Christ selbst isoliert, da er keine echten Beziehungen zu Nichtchristen aufbauen kann. Immer steht die Frage des Gerichtes und Verdammnis dazwischen.

Während sich Gesellschaft und Kultur mit der Geschichte entwickeln und verändern, beharren christliche Fundamentalisten auf einmal festgelegte Werte und Verhaltensweisen. Eine sei genannt: Die Ehe, geschlossen auf Lebenszeit. Als diese Regelung entstand und als religiöse Pflicht überliefert wurde, wurde damit soziale Sicherheit beider Partner garantiert, die voneinander abhängig waren. In einer Agrargesellschaft konnten beide nur in der Wirtschaftsgemeinschaft überleben, unter Einbeziehung der Kinder, die später mithalfen und die Altersvorsorge sicherten. Ohne diese soziale Absicherung konnte eine Frau kaum Kinder großziehen. Berufe gab es kaum und öffentliche Unterstützung bedeutete Betteln. Die Zeiten haben sich verändert. Was in der Industriegesellschaft begann, hat sich in der differenzierten Dienstleistungsgesellschaft fortgesetzt. Soziale Sicherheiten, Rechtsansprüche und hohe Arbeitsteilung bis zur Kindererziehung (Kindergarten, Tagesstätten, Schulen) machen den ursprünglichen Sinn der Institution Ehe überflüssig. Im Gegenteil: Wer heute darauf pocht, verführt dazu, daß sich Frauen schlecht auf ihre berufliche Zukunft vorbereiten, weil sie sich beim Wunsch auf die Gründung einer Familie auf die Ehe verlassen. Damit begeben sie sich aber in eine materielle Abhängigkeit, die nicht mehr von einer Wirtschaftsgemeinschaft, sondern von einer einseitigen Beziehung geprägt

---

[51] Matthäus 28, 19; Markus 16, 15

ist. Zudem haben sich durch die Emanzipation auch die Beziehungen
verändert. Doch davon will das traditionelle Christentum nichts wissen:
Während früher die persönliche Entwicklung des Menschen bei Eintritt
in die Ehe zum größten Teil abgeschlossen war, zieht sie sich heute
durch eine Adoleszenz bis zum dreißigsten Lebensjahr in die Länge.
Veränderungen im Beruf, unterschiedliche Lern- und Lebenserfahrun-
gen können zwei Menschen voneinander entfernen. Ehe kann in diesem
Fall zur Last werden; Gefühlswelten sind nicht mehr aufeinander abge-
stimmt. Es wäre Unsinn, weiter auf die christliche Eheauffassung zu
pochen. Das bedeutet nicht, daß die Verantwortung in einer Beziehung
oder Aufrichtigkeit keine Rolle mehr spielen würde. Im Gegenteil. Diese
Verhaltensweisen treten um so deutlicher hervor, wo formale, morali-
sierte Gesetze relativiert wurden.

Die vielen Kritikpunkte an dem christlichen Glauben sollen kein ver-
nichtendes Urteil sein. Er ist für viele zu einer Hoffnung und einer soliden Lebensgrundlage geworden. Vielmehr sind die Kritikpunkte Beispiele für Mißverständnisse oder die unangebrachte Eins-zu-eins-
Übertragung der Bibel auf das heutige Leben. Dem wollte das zweite
Kapitel vorbeugen. Nun soll es darum gehen, Mut zu machen für ein
positiv verstandenes Christentum, das die Bibel und Tradition ernst
nimmt aber auch damit umzugehen weiß.

3 ANTWORTEN UND GEGENENTWURF

3.1 HERMENEUTIK: KIRCHENGESCHICHTE UND BIBEL VERSTEHEN

Die Quellen des Christentums sind vielfältig. So unterschiedlich die einzelnen Konfessionen und Glaubensrichtungen sind, so unterschiedlich ist auch die Gewichtung, die sie ihnen geben. Während beispielsweise die orthodoxe Kirche die Kirchenväter als obere Autorität betrachtet, ist es in der katholischen Kirche die Tradition und die kirchliche Hierarchie, die sie hervorgebracht hat. Die evangelische Kirche dagegen betrachtet die Bibel als alleinige, zumindest wichtigste Autorität. Doch so einfach und simpel sich letztere Position anhört, sie hat ihre Tücken. Betrachtet man die reale Geschichte der evangelischen Kirche und Theologie, so erkennt man, daß diese wie keine andere Konfession zersplittert und zerstritten ist. Schon Luther setzte sich von den Bilderstürmern ab, die alles sinnliche und bildhafte aus der Kirche verbannen wollten. Zwingli griff zum Schwert, Luther stellte sich hinter die Fürsten, die gegen die aufständischen Bauern kämpften, die sich durch die Reformation eine soziale Befreiung erhofften. Es entstanden die Protestanten (Luther), die Calvinisten, Täufer, aus denen wiederum die Baptisten, Unitarier und Adventisten. Schließlich traten Quäker, Mennoniten und Amish auf. Heute spalten sich evangelikale Christen, freie Gemeinden, die lutherische Landeskirche und die selbständige evangelisch Lutherische Kirche. Ein Billy Graham ist nicht mit Heinz Zahrnt zu vergleichen und Rudolf Bultmann nicht mit Karl Barth. Eine systematische Auflistung der verschiedenen Konfessionen, ihre Entstehungen und gegenseitige Beeinflussung wäre Aufgabe einer Kirchengeschichte. Sie zeigt aber eindrücklich, daß der Verweis auf die Bibel als alleinige Grundlage fraglich ist. De facto ist ihre Auslegung und die Konsequenzen, die daraus gezogen wurden, höchst unterschiedlich. Es geht also nicht nur um die Wahl einer Quelle, sondern auch um das Verstehen dieser Quelle. Die Wissenschaft, die sich mit dem Verstehen beschäftigt, ist die Hermeneutik. Man spricht auch von dem hermeneutischen Schlüssel, mit dem sich ein Text erschließen läßt.

Schon die Frage, was einen Christen zum Christen macht, ist nicht leicht zu beantworten: So unterschiedlich sind die Ausformungen dieser Weltreligionen, von amerikanischen Evangelicals über russisch Orthodoxe bis zu afrikanischen Mischreligionen. Trotz aller Unterschiede: Das Verbindende ist - wie der Name sagt - Christus, wie auch immer diese Person verstanden und ausgelegt wird. Einige bestehen auf seine Göttlichkeit, andere sehen in ihm sowohl Gott als auch einen Menschen, wieder andere sehen ihn als Menschen mit einer exklusiven Beziehung zu Gott. Schon in der Bibel herrscht Uneinigkeit. Während die Evangelien die Lehr- und Wanderjahre Jesu beschreiben, bezieht sich Paulus kaum darauf. Für ihn ist der gekreuzigte und auferstandene Christus viel wichtiger. Wenn aber Jesus die entscheidende Figur des Christentums ist, so liegt es nahe, die Quellen zu studieren, die von ihm berichten. Die Kirchengeschichte ist mit einem See vergleichbar. Christus ist der Stein, der ins Wasser geworfen wurde. Er ist heute nicht mehr zu sehen, sondern nur noch als historische Person zu verstehen. Wie sich Ringe um die Stelle der Seeoberfläche bildeten, in die der Stein eingeschlagen ist, so entstanden Überlieferungen, Traditionen und Institutionen. Sie alle haben ihren Wert als Lebensäußerung des Glaubens. Menschen machen Erfahrungen mit Gott und sind in einer religiösen Tradition verwurzelt. Dennoch werden die Wellen mit wachsendem Abstand zur Eintrittsstelle des Steins immer unschärfer. So ist es spannend, die unmittelbaren Zeitzeugen zu befragen, die ersten Quellen zu vergleichen und zu bewerten. Wer nun glaubt, das wäre nur die Bibel, der irrt. Die Klemensbriefe wurden in einer ebenso frühen Zeit geschrieben wie der zweite Johannesbrief. Erst spät wurde auch die Offenbarung geschrieben, nämlich unter dem Eindruck der Christenverfolgung unter dem römischen Kaiser Deoclician. Aber zunächst ist zu bedenken, daß die meisten eine Übersetzung der Bibel in den Händen halten und nicht das Original mit all den schillernden Bedeutungen der Worte. Kein Begriff hat nämlich eine fest definierte Bedeutung, sondern diese erschließt sich im Gebrauch und den vielfältigen Assoziationen, die dieser auslöst. Heute sind wir von den Assoziationen weit entfernt, wenn Jesus vom Hirten erzählte, Johannes vom Wort, dem Logos, oder Paulus von der Taufe, die nichts mit Kleinkindern zu tun hatte. Darüber hinaus sind sich die wenigsten darüber bewußt, daß wir nicht mehr die originalen Briefe des Paulus vorliegen haben. An die 400 Fragmente von Abschriften aus verschiedenen Zeiten und Orten, die in Museen dieser

Welt verteilt sind, zählt die allgemein anerkannte Nestle-Aland-Ausgabe des griechischen Urtextes des Neuen Testaments. Wer dieses Buch zur Hand nimmt, wird auf fast jeder Seite ein Fülle von Fußnoten mit Varianten der Textüberlieferung finden. Immer wieder kam es vor, daß Mönche bei ihren Abschriften Kommentare einführten, und schon früh wurden ganze Texte zusammengefaßt, zum Beispiel die Paulusbriefe, damit diese auf die römische, heilige Zahl Zehn kamen. Sie alle deuteten die Texte mit den Augen ihrer Zeit, was in der jeweiligen zeitgenössischen Kunst sehr deutlich wird. Das Neue Testament - wie auch das Alte - ist kein Protokoll, sondern eine vielfältige Überlieferung, deren Texte jeweils unterschiedliche Funktionen hatten: briefliche Korrespondenz, Überlieferungen der Evangelien, theologische Abhandlungen des Briefes an die Hebräer und Berichte wie die Apostelgeschichte. Entsprechend differenziert muß die Auslegung des Textes sein. Sie entstanden zu einem unterschiedlichen Zweck, in unterschiedlichen Situationen und Kulturen. Paulus war nicht nur von jüdischen Lehrern geprägt, seine Geburtsstadt Tharsos war Zentrum der mittleren Stoa, einer philosophischen Schule. Johannes war von der Gnosis beeinflußt, die in der Lichtmetapher durchscheint und im Prolog über den göttlichen Logos. Der Hebräerbrief wiederum ist nicht zu verstehen, ohne die Kenntnis von dem Tempelkult mit dem jährlichen Jom-Kippur-Fest, an dem der Hohepriester zur Sühne der Verfehlungen des Volkes das Lamm opferte. Wer sich das vor Augen führt, für den ist die Bibel kein starrer Kanon mehr voller unverrückbarer Bestimmungen. Statt dessen eröffnet sich das Bild von einer lebendigen Textsammlung. Sie dokumentiert Erfahrungen, die Menschen in ihrer Zeit mit Gott und ihrem Leben gemacht haben, in einer Zeit, die von der Besetzung Jerusalems durch die Weltmacht Roms gekennzeichnet war, von einer sich durchsetzenden Weltkultur des Hellenismus, mit allen Ängsten, Horizonterweiterungen und Vermischungen von Philosophien, Religionen und Lebensweisen. Aus dieser Zeit, in dieser Zeit und für diese Zeit schrieben Paulus, Timotheus und Jakobus Briefe, verbreitete sich die Nachricht vom leeren Grab wie ein Lauffeuer und wuchsen die Meinungen um den außergewöhnlichen Menschen Jesus. Wer sich die Mühe macht, die Texte eingehend zu studieren, ihrer ursprünglichen Version nachzuspüren und chronologisch zu ordnen, der erahnt etwas von den spannenden und bewegenden Ereignissen der frühen Christenheit: wie Paulus mit der Gemeindespitze in Jerusalem um Petrus im Clinch lag oder welche Auseinandersetzungen mit den Juden aufkamen, die nach der Zerstörung Jerusalems vor allem durch die Pharisäer repräsentiert wurden, die nicht abhängig vom Tempel waren. Der hermeneutische Schlüssel zur Bibel liegt in der historischen Betrachtungsweise. Voraussetzung ist die Erkenntnis, daß wir Texte immer interpretieren und niemals in „Reinform" lesen. Immer ist ein Zusatzwissen notwendig. Damit erst können wir einen Kriminalroman von einem Zeitungsbericht unterscheiden oder eine Zukunftsforschung von einer Science-Fiktion-Story. Sogar, wenn wir einen Gegenstand mit den Augen betrachten, geschieht das immer aus einer bestimmten Perspektive heraus. Wir können die Rückseite eines Autos betrachten, die windschnittige Motorhaube bewundern oder die Bequemlichkeit des Innenraumes erkunden. Immer geschieht das aus einer bestimmten Perspektive.

Wer sich um die Beziehung des Menschen zu Gott und die Gottes zu den Menschen Gedanken macht, sollte sich die Entwicklungslinien der Bibel vor Augen führen. Zunächst eine Anmerkung zu den Quellen: Die älteste Überlieferungsschichte im Alten Testament stammt aus dem 10. Jh. v. Chr. und wird die jahwistische Quelle genannt. Sie ist beispielsweise im zweiten bis dritten Kapitel des ersten Buches Mose zu finden. Zu erkennen ist die Quelle an der Bezeichnung „Jahwe" für Gott. Die Bibelübersetzungen setzen dafür in der Regel „Herr" ein, weil im jüdischen Glauben der Name so heilig war und nie ausgesprochen werden durfte, nur vom Hohepriester zum großen Versöhnungstag Jom Kippur. Daher las man an Stelle von „Jahwe" einfach „Adonai", übersetzt: Herr. Das Besondere an der jahwistischen Quelle war der Beginn mit der Schöpfungsgeschichte und nicht mit den Stammvätern. Damit wurde erklärt, warum Gott sich sein auserwähltes Volk suchte: Die Schöpfung war eine gute Schöpfung, aber der Mensch entfernte sich schon in den Anfängen von Gott, bis die Beziehung zu ihm fast abzubrechen drohte. Gott erwählte sich deshalb ein Volk, weil er etwas mit der Menschheit vorhatte, weil er jemanden brauchte, der seine Botschaft in die Welt trägt. Dafür war bis zum Leben Jesu ein langer Weg notwendig. Eine spätere Quelle wird - ebenfalls nach der charakteristischen Bezeichnung für Gott - „Quelle des Elohisten" genannt. Die im 8. Jh. v. Chr. entstandenen Texte nennen Gott im Plural Elohim. Zu finden sind solche Texte beispielsweise, als vom Tode Mose die Rede ist. Neben einer weiteren Quelle, die dem Deuteronomium, also dem 2. Buch Mose,

zugrundeliegt und 622 v. Chr. entstanden ist, bestimmen die Priester-
texte einen Großteil der Bücher Mose, wie wir sie heute kennen. Entstanden waren sie in der babylonischen Gefangenschaft, als es wichtig
wurde, die Rituale, Gesetze und Opfervorschriften festzuhalten, damit
diese im Exil nicht in Vergessenheit gerieten.

Keinesfalls war in der Geschichte des Judentums immer von dem einen,
einzigen Gott die Rede. Vorstellungen, Rituale und ethische Normen
haben sich gewandelt. Die Ursprünge liegen in einem nomadisierenden
Volk von Abraham (um 2000 v. Chr.), das noch mehrere Götter kannte.
Das entsprechende Wort „Elohim" für „Gott" ist eine plurale Form. Es
war selbstverständlich für die Nomaden mit einer Stammesreligion,
deren Grenze die Zugehörigkeit zur Sippe markierte, daß es mehrere
Götter gibt. So ist auch das erste Gebot zu verstehen, das andere Götter
neben dem einen Gott verbietet. 105mal ist in der Bibel von Göttern im
Plural die Rede. Ein Zeichen für die frühe Religion ist die Erzählung
der Genesis, als Rahel, Jakobs Frau, die Statue eines Hausgottes vom
Stamm ihrer Eltern mitgenommen hatte.[52] Die Stammesreligion war
einzig für die nomadisierende Sippe gültig, innerhalb derer auch die
ethische Verpflichtung nur galt. Als sich später die zwölf Stämme Israels
gegen die Bewohner des Landes, nämlich die Philister, durchsetzten,
galt es als nicht falsch, einen vernichtenden Krieg gegen sie zu führen.
Je mehr sich die zwölf Stämme ausbreiteten, um so mächtiger wurde auch
ihr Gott. Andere Götter wurden im Vergleich zum Elohim als schwäch-
lich und unterlegen angesehen. Noch aber herrschte ein Henotheismus
und kein Monotheismus. Die moderne Forschung geht davon aus, daß
Moses diesen erst aus Ägypten mitgebracht hatte, wo der Sonnengott
eine Alleinstellung beanspruchte.

Volksreligion, die die Gemeinschaft verband, spiegelte sich in der Beziehung der Menschen zu Gott wider. Hier dominierte das Verhältnis von
der Gemeinschaft zu Gott, vermittelt durch den Patriarchen und - seit
Aaron, dem Bruder Mose, den Priester. Die Sünde eines einzigen oder
weniger Menschen könnte Folgen für alle haben. Auf der anderen Seite
gab es die Möglichkeit, durch ein Opfer kollektiv für alle Vergebung zu
erreichen. Es gab eine regelrechte „Arbeitsteilung". Aaron und seine

---

[52] Genesis 31, 26 - 35

Söhne bedienten die Stiftshütte, führten Opfer durch und erwirkten dadurch den Segen Gottes für das ganze Volk:

Und ich will die Stiftshütte und den Altar heiligen und Aaron und seine Söhne heiligen, daß sie meine Priester seien. Und ich will unter den Israeliten wohnen und ihr Gott sein, daß sie erkennen sollen, ich sei der Herr, ihr Gott, der sie aus Ägyptenland führte, damit ich unter ihnen wohne, ich, der Herr ihr Gott.[53]

An dieser Stelle wird der Charakter der Volksreligion nochmals deutlich. Gottes Beziehung zu den Priestern bedeutet zugleich, daß er unter den Israeliten wohnt. Aber wer dieser Gott ist, ist noch nicht klar. Im Alten Testament muß er sich noch identifizieren. Vielfach wird dieser Gott als derjenige beschrieben, der die Israeliten aus Ägypten geführt hat. Die mythische Geschichte des Auszugs und der Wanderung durch die Wüste war Identifikationsmerkmal gewesen. Es verwundert nicht, daß die Bücher Mose ausgerechnet zur Zeit des babylonischen Exils von der Priesterschicht geschrieben wurden, um die Tradition festzuhalten, nachdem der Tempel nicht mehr zur Verfügung stand. Feste und Rituale hatten in der frühen Kulturgeschichte keinen Selbstzweck, wie es heute manchmal erscheint, wenn Religionen an ihrer Tradition festhalten. Vielmehr hatten sie die Funktion, Wissen zu tradieren und weiterzugeben. Hinzu kommt eine zweiter Typus, nämlich die Beziehung zu Gott, die in einem Ritual praktiziert oder erneuert wurde. Im Exil aber gab es keine Möglichkeit wie bisher das Ritual, die Feste im Tempel zu feiern, der zugleich Symbol jüdischer Einheit und politischer Herrschaft war. So hielten die Bücher Mose die Tradition fest und überlieferten diese für spätere Generationen - bis heute.

Die Identifikation über den Auszug aus Ägypten markiert ein geschichtliches Weltbild der jüdischen Religion. Das war nicht immer selbstverständlich. Der Religionswissenschaftler Mircea Eliade beschrieb in einer Forschungsarbeit eingehend die archaischen Religionen, die von der ewigen Wiederkehr des Urzustandes ausgingen. Dieser sollte mit den Ritualen, vor allem im Neujahrsfest, wieder hergestellt werden. Alle Tätigkeiten fanden ihr Vorbild in den Handlungen der Heroen der Urzeit. Sogar das Pflügen und Bestellen der Felder war eine sakrale Handlung. Alles galt als heilig, denn das Heilige war identisch mit dem

---

[53] Exodus 29, 44 - 46 (2. Buch Mose)

Wirklichen. Wer so lebte wie die Heroen der Urzeit, der lebte nah an der Wirklichkeit. Individualität und Geschichte bedeuteten eine Entfernung vom Idealzustand, der durch ein Fest oder Ritual erneuert werden sollte. In der jüdischen Religion ist die beinahe Opferung Isaaks durch seinen Vater Abraham eine entscheidende Wende, Gott tritt als derjenige auf, der in die Geschichte eingreift und sie nicht einem regelmäßigen Rhythmus überläßt. Anfang und Ende der Geschichte kommen entsprechend in Betracht; auf der einen Seite die Schöpfung, auf der anderen Seite die Vision von einem großen Volk.[54] Nicht zu unterschätzen sind die Genealogien, die als lange Listen im Alten Testament zu finden sind. Vor allem in der Übergangsphase vom nomadischen Leben zur Seßhaftigkeit entbrannte ein heftiger Konflikt über den Glauben an den Gott der Geschichte und die kanaanitischen und phönizischen Götter Baal, Moloch und Aschera. Die Israeliten brachten eine streng hierarchische, patriarchale Religion mit einfachen Strukturen mit sich, die sich mit Kulturen in den Städten nicht vereinbaren ließen, was typisch für eine nomadisierendes Volk war. Die Verdrängung der einheimischen Religionen war brutal. So berichtet das Buch der Könige vom Blutbad, das Elia anrichtete:

Elia aber sprach zu ihnen: Greift die Propheten Baals, daß keiner von ihnen entrinne! Und sie ergriffen sie. Und Elia führte sie hinab an den Bach Kischon und tötete sie daselbst.[55]

Alle Bücher der Könige, die Chroniken und Bücher Samuels berichten vom Töten und Ermorden der Einheimischen durch das „Volk Gottes". Mit voller Überzeugung, im Recht - also auf der Seite ihres Gottes - zu sein, nahmen die israelischen Völker das Land in Besitz. Dabei gab es freilich auch Rückschläge: Immer wieder fallen das Volk und vor allem seine Könige von der alleinigen Anbetung ihres Gottes ab und ziehen den Zorn Jahwes auf sich. Das Prinzip ist einfach: Abfall, Gott straft oder ruft zur Umkehr, Buße und Vergebung, Segen. Fast stereotyp ist die „Jüdische Geschichte" des kaiserlichen Hofschreibers Flavius Josephus zu lesen, der in chronologischer   Reihenfolge diesen Rhythmus schildert, bis zur Eroberung und Zerstörung Jerusalems.[56] Der ehemals

---

[54] Genesis 12,1 - 7
[55] 1 Könige 18, 40
[56] Flavius Josephus. Jüdische Altertümer, Wiesbaden 1990[10]

jüdische Hauptmann schrieb seine Werke nach der Zerstörung Jerusalems in Rom, nachdem er Vespasian den Kaiserthron vorausgesagt hatte, um seine Haut zu retten. Seine Interpretation der Geschichte ist sehr wertvoll, da es schon damals sein Ziel war, das jüdische Denken einer fremden Kultur nahezubringen.

Mit den Propheten eröffnete sich eine neue Perspektive für die Religion: Das Gericht Gottes trat klarer hervor und wurde zu einer drohenden Warnung. Zunächst war das Gericht auf das Diesseits bezogen, erst später verlagerte sich das Gericht auf ein Ende der Geschichte. Die Entwicklung begann mit den Propheten des 8. Jh.s v. Chr. (Amos, Hosea, Micha, Jesaja) und ging weiter Ende des 7. und Anfang des 6. Jh.s (insbesondere mit Jeremia und Habakuk), im Exil (mit Hesekiel und Deutero-Jesaja) und nach dem Exil (mit Jona und Joel). Schon beim vorbabylonischen Jesaja deutet sich ein drohendes Gericht an, das aber auch die Vision auf ein Friedensreich bedeutet.

Darum ist der Zorn des Herrn entbrannt über sein Volk, und er streckt seine Hand wider sie und schlägt sie, daß die Berge beben und ihre Leichen sind wie Kehricht auf den Gassen. Und bei all dem läßt der Zorn nicht ab, sondern seine Hand ist noch ausgestreckt. Er wird ein Feldzeichen aufrichten für das Volk in der Ferne und pfeift es herbei vom Ende der Erde. Und siehe, eilends und schnell kommen sie daher. Keiner unter ihnen ist müde und schwach, keiner schlummert noch schläft; keinem geht der Gürtel auf von seinen Hüften, und keinem zerreißt ein Schuhriemen. Ihre Pfeile sind scharf und alle ihre Bogen gespannt; die Hufe ihrer Rosse sind hart wie Kieselsteine, und ihre Wagenräder sind wie ein Sturmwind. Ihr Brüllen ist wie das der Löwen, und sie brüllen wie junge Löwen. Sie werden daherbrausen und den Raub packen und davontragen, daß niemand retten kann. Und es wird brausen zu der Zeit wie das Brausen des Meers. Wenn man dann das Land ansehen wird, siehe, so ist's finster vor Angst, und das Licht scheint nicht mehr über ihnen.[57]

Noch erscheint das Gericht eine diesseitige Angelegenheit zu sein, wie auch die Hoffnung auf eine Zeit danach diesseitig beschrieben wird:

---

[57] Jesaja 6, 25 - 30

*Das Volk, das im Finstern wandelt, sieht ein großes Licht, und über
denen, die da wohnen im finsteren Lande, scheint es hell. [...] Denn uns
ist ein Kind geboren, ein Sohn ist uns gegeben, und die Herrschaft ruht
auf seiner Schulter; und er heißt Wunder-Rat, Gott-Held, Ewig-
Vater, Friede-Fürst; auf daß seine Herrschaft groß werde und des
Friedens kein Ende auf dem Thron Davids und in seinem Königreich,
daß er's stärke und stütze durch Recht und Gerechtigkeit von nun an bis
in Ewigkeit. Solches wird tun der Eifer des Herrn Zebaoth.*[58]

An späteren Stellen im Deutero-Jesaja erfuhr diese Hoffnung bereits eine
Wandlung. Sie durchbricht das Schema von Strafe und Segen in der
Geschichte Gottes mit seinem Volk und faßt eine völlig neue Schöpfung
ins Auge.

*Denn siehe, ich will einen neuen Himmel und eine neue Erde schaffen,
daß man der vorigen nicht mehr gedenken und sie nicht mehr zu Herzen nehmen wird.*[59]

Noch immer aber dreht sich die Prophetie um kollektive Verurteilung
und kollektive Gnade. Doch die religiöse Entwicklung blieb nicht stehen, vor allem, weil sich die politischen und kulturellen Wirklichkeiten
änderten. Nach dem babylonischen Exil wurde ein Tempel neu errichtet
und die in den Büchern Mose bekannten, ausführlich beschriebenen
Gesetze eingeführt, die unter dem Eindruck der Propheten geschrieben
wurden. Israels Identität wurde als Treue zu Gott und seinen Gesetzen
verstanden. Der Tempel war das äußere, verbindende Zeichen. Es wurden klare Verhaltensregeln gegeben, die zugleich religiöses und
„bürgerliches Recht" waren. Entscheidende Autorität hatten die Hohepriester und ihr Rat, der Sanhedrin. Doch die zurückerlangte Souveräni-
tät währte nicht allzulange. Sie stand auf instabilen Beinen. Alexander
der Große, die Ptolomäer, die seleukidische Dynastie von Antiochia
machten sich die jüdische Theokratie untertan. Die Hoffnung auf eine
Befreiung - und sei es an einem ungewissen Endpunkt der Geschichte -
wuchs. Zu der politischen Niederlage kam die kulturelle hinzu. Die
Eroberer brachten die aufblühende „Weltkultur" des Hellenismus mit.
Mit ihr öffneten sich die Horizonte zu anderen Denkströmungen, uni-
versalem Denken aber auch zu neuen Lebensformen, die sich in Archi-

---

58 Jesaja 9, 1 - 5 + 6
59 Jesaja 65, 17

tektur, Theatern und Bädern ausdrückte. Für viele Juden war es ein Greuel. 167 v. Chr. kam es daher zum Makkabäeraufstand, doch nur 31 Jahre später entweihte Antiochus IV. den Tempel, indem er eine Zeus-Statue dort aufstellen ließ und sogar die jüdischen Gesetze verbot. Der letzte erfolgreiche Versuch zur Unabhängigkeit währte kurz, nur bis zur römischen Eroberung 63 v. Chr. Zwar hatten die Juden einen Sonderstatus im Römischen Reich, da sie ihre Religion weiter ausüben durften und viele Rechtsangelegenheiten selbst regeln konnten, doch es blieb bei einer Besatzung. Die hohe priesterliche Partei der Sadduzäer, aristokratisch und mit strenger Auslegung der Schriften, versuchte sich mit den Römern zu arrangieren und den gebliebenen Freiraum und die Macht zu sichern. Ihnen gegenüber standen die Pharisäer, die den fremden Einflüssen widerstehen wollten. Eine ihrer Splittergruppen, die Zeloten, waren sogar bereit, sich mit Gewalt gegen die Besatzer zu wehren. Die Apokalyptik mit bildhaften und düsteren Endzeiterwartungen fand Anhänger, die auf den Messias warteten. Auf einen endzeitlichen Kampf bereiteten sich die Essener vor, eine Sekte in der Wüste am Toten Meer, die durch die Qumran-Funde und populären Übersetzungen Anfang der 90er Jahre bekannt geworden war. Mit rituellen Bädern und strenger Lebensweise bereiteten sie sich auf den Messias vor. Ein großer Kampf würde der Welt ein Ende bereiten und ein neues Zeitalter beginnen lassen.

Er wird der Sohn Gottes genannt werden; sie werden ihn Sohn des Allerhöchsten nennen. Wie die Sternschnuppen, die ihr gesehen habt, so wird ihr Königreich sein. Sie werden für (einige) Jahr[e] über die Erde herrschen und alle vernichten. Menschen werden Menschen vernichten, und Nationen (werden) Nationen (vernichten), bis das Volk Gottes aufsteht und alle veranlaßt, vom Schwert zu ruhen. Sein Reich wird ein ewiges Reich sein, und er wird gerecht sein in allen seinen Wegen. Er wird die Erde mit Gerechtigkeit richten, und alle werden Frieden schließen. Das Schwert wird von der Erde verschwinden, und jede Nation wird sich vor Ihm beugen. Was den Großen Gott betrifft mit Seiner Hilfe wird er Krieg führen, und er wird alle Völker in seine Gewalt geben; alle von ihnen wird Er niederwerfen. Seine Herrschaft wird eine Ewige Herrschaft sein und alte Grenzen [...].[60]

---

[60] 4Q246, zitiert nach Robert Eisenmann, Michael Wise, Jesus und die Urchristen. Die Qumran-Rollen entschlüsselt, Gütersloh 1993, Seite 77

Fast unbegrenzt schien die Allmachtsphantasie im Zuge der übermächtigen Unterdrücker und der alles durchdringenden hellenistischen Kultur. Im Christentum tauchte die apokalyptische Tradition bei der Offenbarung des Johannes auf. Dabei handelte es sich längst nicht um spontane Phantasien und Wünsche, sondern um ein differenziertes System von Symbolen, Chiffren und Metaphern, die in der Regel eine festgelegte Bedeutung hatten.

Grundsätzlich ist beim Verständnis der Religionen zu beachten, daß sie Psychologisches, Geschichtliches, rechtliche Regelungen über Mythen, Bilder und verbindliche Vorbilder erklären und beschreiben. Wenn wir heute nach der Wahrheit fragen, meinen wir in der Regel die Übereinstimmung einer Aussage mit den Tatsachen. In der jüdischen Kultur war das anders. Texte waren keine Protokolle und wissenschaftliche Abhandlungen waren gerade einmal wenigen Philosophen bekannt. Wenn von Jesus die Behauptung überliefert ist, daß er der Weg, die Wahrheit und das Leben sei[61], dann meint Wahrheit eher Wahrhaftigkeit, das Eigentliche, Unvergängliche.

Zur Zeit Jesu hatte sich die Lage zugespitzt. Josephus berichtet von einem blutigen Aufstand der Juden zum Pesachfest, der seinen Schatten auf den Auftritt Jesu warf. Aus Angst, daß so etwas zum zweiten Mal geschieht, verhafteten die Besatzer den Mann aus Nazareth und töteten ihn, bevor das jüdische Fest begonnen hatte. Wanderprediger gab es genug, auch solche, die als Befreier auftraten. Josephus berichtet:

Um diese Zeit kam auch ein Mensch aus Ägypten nach Jerusalem, der sich für einen Propheten ausgab und das gemeine Volk verleiten wollte, mit ihm auf den Ölberg zu steigen, der in einer Entfernung von fünf Stadien der Stadt gegenüberliegt. Dort, sagte er, wolle er ihnen zeigen, wie auf sein Geheiß die Mauern Jerusalems zusammenstürzten, durch welche er ihnen dann einen Eingang in die Stadt bahnen würde. Als Felix hiervon Kunde erhielt, ließ er die Besatzung alarmieren, machte mit einer starken Abteilung von Reitern und Fußsoldaten einen Ausfall aus Jerusalem und griff den Ägypter und dessen Anhänger an. Von den letzteren fielen viertausend, und zweihundert wurden gefan-

---

61 Johannes 14. 6

gen genommen: der Ägypter selbst aber entkam aus dem Treffen und wurde unsichtbar.[62]

Das Jerusalem zur Zeit Jesu war ein Hexenkessel unter dem Machtspiel von Rom, jüdischer Oberschicht und herodianischer Dynastie. Gegenseitig gab es Provokationen: Mal ging es um eine heidnische Statue, die im Tempel aufgestellt werden sollte, immer wieder gab es blutige Unruhen, Agrippa ließ die Stadtmauern Jerusalems wieder aufbauen, das Standbild veränderte sich nach hellenistisch-römischem Vorbild. Hinzu kamen die Streitigkeiten mit den Samaritern, die den Tempel für sieben Tage entweihten, indem sie Knochen auf den Platz streuten. Einige Berichte von Josephus belegen die gespannte Situation:

Als der jüdische Landpfleger Pilatus sein Heer aus Caesarea nach Jerusalem in die Winterquartiere geführt hatte, ließ er, um seine Mißachtung gegen die jüdischen Gesetze an den Tag zu legen, das Bild des Caesars auf den Feldzeichen in die Stadt tragen, obwohl doch unser Gesetz alle Bilder verbietet. [...] Sobald das Volk dies erfuhr, zog es in hellen Haufen nach Caesarea und bestürmte den Pilatus viele Tage lang mit Bitten, er möge die Bilder doch irgendwo anders hinbringen lassen. Das gab aber Pilatus nicht zu, weil darin eine Beleidigung des Caesars liege. Als indes das Volk nicht aufhörte, ihn zu drängen, bewaffnete er am siebenten Tage in aller Stille seine Soldaten und bestieg eine in der Reiterbahn befindliche Tribüne, hinter welcher die Bewaffneten versteckt lagen. Da nun die Juden ihn abermals bestürmten, gab er den Soldaten ein Zeichen, dieselben zu umzingeln, und drohte ihnen mit augenblicklicher Niedermetzelung, wenn sie sich nicht ruhig nach Hause begaben. Die Juden aber warfen sich zu Boden, entblößten ihren Hals und erklärten, sie wollten lieber sterben als etwas geschehen lassen, was der weisen Vorschrift der Gesetze zuwiderlaufe. Einer solchen Standhaftigkeit bei Beobachtung des Gesetzes konnte Pilatus seine Bewunderung nicht versagen und befahl daher, die Bilder sogleich aus Jerusalem nach Caesarea zurückzubringen.[63]

---

62 Flavius Josephus, Jüdische Altertümer XX 8, 6
63 a. a. O. XVIII 3, 1

Ein weiterer Bericht macht deutlich, welche Gefahren das große Passahfest in sich barg. Man kann erahnen, warum Jesus ausgerechnet zu diesem Fest verhaftet worden war.

Als das sogenannte Paschafest, an dem wir nur ungesäuerte Brote zu essen pflegen, bevorstand und eine ungeheure Menschenmenge zu demselben herbeiströmte, befürchtete Cumanus, es könnten Unruhen entstehen, und gab deshalb der Kohorte Soldaten den Befehl, in Wehr und Waffen die Säulenhallen des Tempels zu besetzen, um etwa ausbrechende Ruhestörungen gleich zu unterdrücken. Das hatten auch die früheren Landpfleger an Festtagen stets angeordnet. Am vierten Tage des Festes ließ sich ein Soldat einfallen, im Angesicht seines Volkes seine Schamteile zu entblößen. Die Menge geriet hierüber in Erbitterung und schrie, nicht ihnen sei damit Schmach angetan, sondern Gott selbst sei gelästert. Als Cumanus den Vorfall vernahm erzürnte auch er nicht wenig über diese Verhöhnung, bat jedoch die Juden, sich aller Unruhe zu enthalten und während des Festes keine Empörung anzuzetteln. Da man ihm aber nicht gehorchte, sondern ihn nur noch mit desto größeren Schmähungen überhäufte, ließ er die gesamte Streitmacht zu den Waffen rufen und in die Antonia rücken; es war dies, wie oben erwähnt, die den Tempel beherrschende Feste. Beim Anblick der in Masse heranziehenden Soldaten ward das Volk in Schrecken versetzt und ergriff die Flucht. Weil aber die Straßen eng waren, und die Juden sich von Feinden verfolgt glaubten, entstand bei der Flucht ein fürchterliches Gedränge, und viele wurden von den ungestümen Nachfolgenden erdrückt. Die Zahl der auf diese Weise Umgekommenen betrug an die zwanzigtausend.[64]

Nicht immer gingen solche Vorfälle glimpflich für die Römer aus. Flavius berichtet auch über einen Vorfall, bei dem die militärische Besatzung Verluste zu verzeichnen hatte.

Aber nicht nur die politische Situation hatte tiefe Einschnitte in der Geschichte Israels hinterlassen. Auch die Kultur und das Denken des Hellenismus zeigten Wirkung, vor allem in der universalen Weltsicht und dem individuellen Heil. Universale Ethik und universaler Anspruch des Christentums schöpfen letzlich auch aus diesen Quellen. Plötzlich wurde die Heilsfrage eine Frage der persönlichen Entscheidung, nicht

---

[64] a. a. O. XX 5, 3

mehr eine Sache des ganzen Volkes, für das der Hohepriester eintrat und eine kollektive Sühne durch sein Opfer hervorbrachte. Die Wirren der Zeit, das veränderte Denken, die gemischten Nationalitäten öffneten die Tür für eine Weltreligion, die nicht nur für die Juden, sondern auch für die Heiden bestimmt war.

3.2 JESUS CHRISTUS UND WAS DAMALS GESCHAH

Jesus war kein Systemdenker wie Paulus, der im Römerbrief eine umfangreiche, logisch geordnete Argumentationen vorlegte. Die Lehre Jesu war bildhaft und bestand aus vielen Gleichnissen, direkten Kontakten mit der armen Bevölkerung, die als Wunderheilungen überliefert wurden, und Lehrstücken. Letztere, nicht gleichnishafte Aussagen waren in der Regel an den engen Kreis seiner Jünger gerichtet. Der Mann aus Nazareth war als Wanderprediger unterwegs, so wie es viele getan hatten. Diese Tätigkeit ist gut belegt. So schreibt der Evangelist Markus gleich im ersten Kapitel:

Nachdem aber Johannes gefangengesetzt war kam Jesus nach Galiläa und predigte das Evangelium Gottes und sprach: Die Zeit ist erfüllt, und das Reich Gottes ist herbeigekommen. Tut Buße und glaubt an das Evangelium.[65]

In zwei Versen ist hier die Tätigkeit Jesu und seine Botschaft zusammengefaßt. Die Erwartung eines Reiches Gottes, die bei ihm eine große Rolle spielte, wurzelt in einer langen Tradition, angefangen bei Jesajas Friedensreich. In zahlreichen Varianten taucht das Thema auf, insgesamt 47mal im Neuen Testament: Dabei erscheint das Reich Gottes als etwas Zukünftiges, von Gott Geschaffenes, ohne daß Bilder der Apokalyptik verwendet werden. Jesu Rede vom Endgericht ist angesichts der nüchternen Ankündigung geradezu zurückhaltend. Selbst die große Endzeitrede aus dem Markusevangelium ist im Vergleich zur späteren Offenbarung des Johannes schlicht und auf das Wesentliche beschränkt.[66] Dennoch spiegelt sie die Angst und Enttäuschung vor politischer und kultureller Niederlage der damaligen Zeit wider, in der die Hoffnung auf eine starke Hand, die die Feinde Israels vernichtet, zum Ausdruck kommt. In

---

[65] Markus 1, 15
[66] Matthäus 24 - 25

Wirklichkeit kam es anders: Nach einem erneuten Aufstand der Juden vernichteten schließlich die Römer den Tempel und entzogen der senatorischen Provinz den Sonderstatus der Selbstbestimmung und Ausübung der Religion. Von nun an verloren die Sadduzäer und Priester ihre Bedeutung, wohingegen die Bedeutung der Synagogen wuchs, mit ihnen auch die der Pharisäer. Hier gab es später auch die größten Konflikte der ersten Christengemeinden, die sich in den Evangelien wiederfinden, sei es in den hervorgehobenen Konflikten Jesu mit den Pharisäern oder in dem Verhältnis von Juden und Christen in bezug auf das Heil. Paulus selbst hatte mit dem Verhältnis von Christen und Juden als dem erwählten Volk Gottes gerungen. Jesus selbst scheint noch ganz ein Jude gewesen zu sein, der von der Exklusivität der Gottesbeziehung ausging:

Und siehe, eine kanaanäische Frau kam aus dem Gebiet und schrie: Ach Herr, du Sohn Davids, erbarme dich meiner! Meine Tochter wird von einem bösen Geist geplagt. Und er [Jesus] antwortet ihr kein Wort. Da traten seine Jünger zu ihm, baten ihn und sprachen: Stell sie zufrieden, denn sie schreit uns nach. Er aber antwortete und sprach: Ich bin nur gesandt zu den verlorenen Schafen des Hauses Israel. Sie kam und fiel vor ihm nieder und sprach: Herr, hilf mir! Aber er antwortete und sprach: Es ist nicht recht, daß man den Kindern ihr Brot nehme und werfe es vor die Hunde. Sie sprach: Herr, aber doch fressen die Hunde von den Brosamen, die vom Tisch ihrer Herren fallen. Da antwortete Jesus und sprach zu ihr: Frau, dein Glaube ist groß. Dir geschehe, wie du willst! Und ihre Tochter wurde gesund in der selben Stunde.[67]

Im Ansatz ist nach dem Wendepunkt in der Erzählung eine Öffnung zu den Nichtjuden zu erkennen. In der Regel aber geht es um die Akzeptanz der Juden, die von der Oberschicht nicht anerkannt wurden, das waren die Armen, die einfachen Fischer, Landwirte und Hirten. Seine Predigten galten dem einfachen Volk draußen auf dem Land, aber auch in der Synagoge[68] oder unter Gelehrten[69]. Ganze 38mal ist von Predig-

---

[67] Matthäus 15, 22 - 28

[68] Zum Beispiel Lukas 4, 38; Johannes 6, 59

[69] zum Beispiel Johannes 1, 1 - 23 berichtet über den Pharisäer Nikodemus, einen der „Oberen der Juden".

ten in den Synagogen zu lesen. Der Theologe Rudolf Bultmann vermutete bei Jesus sogar eine rabbinische Ausbildung, da einige seiner
Äußerungen bereits aus der Gelehrtentradition stammten. Nicht alles,
was Jesus sagte, war, wie Christen behaupten würden, so völlig neu und
anders. Bultmann schreibt:

*Aber das ist nun deutlich, wenn die evangelische Überlieferung wirk-
lich einigen Glauben verdient, daß Jesus in der Tat als jüdischer Rabbi
gewirkt hat. Wie ein solcher tritt er als Lehrer in den Synagogen auf.
Wie ein solcher sammelt er einen Kreis von Schülern um sich. Wie ein
solcher disputiert er über Fragen des Gesetzes mit Schülern und Geg-
nern oder mit wißbegierigen Leuten, die sich an ihn, den berühmten
Rabbi, wenden. Er disputiert in den gleichen Formen wie die jüdischen Rabbiner, bedient sich der gleichen Argumentationsweise, der
gleichen Form der Rede; wie jene prägt er Sprüche und lehrt in Gleichnissen. Dabei zeigt Jesu Lehre auch im Inhalt viel Verwandtschaft mit
den Rabbinern. Die Frage, welches das höchste Gebot sei (Markus 12,
28 - 34), wurde auch bei ihnen vielfach erörtert und auch ebenso
beantwortet, daß es die Liebe zu Gott und dem Nächsten sei.*[70]

Jesus stimmte auch mit den Rabbinern darin überein, daß die Autorität
der Schriften nicht angezweifelt werden darf. Sie habe nach wie vor ihre
Gültigkeit. Jesus war ganz ein Jude, der sich weder für Gott[71] oder den
Sohn Gottes[72] ausgab, noch eine Weltreligion ins Leben rief. Er sam-
melte seine Jünger um sich, in dem Glauben, daß schon bald das Reich
Gottes beginnen würde. Sein Anliegen war es, konsequent die Religion
zu leben, ohne Kompromisse aber auch ohne Formalismus. Allerdings
sind auch Belege zu finden, in denen Jesus ein ungewöhnliches Selbstbe-

---

[70] Rudolf Bultmann, Jesus, Tübingen 1926/1983, Seite 43 - 44

[71] Markus 10, 18

[72] In der Bibel ist vom Menschensohn die Rede, eine Bezeichnung aus der Apokalyptik, oder von bildhaften Umschreibungen im Johannesevangelium, das
sowieso eine Sonderstellung einnimmt. Die Bezeichnung „Sohn Gottes" kam
immer von anderen, zum Beispiel bei der Taufe durch Johannes. Mit der Bezeichnung war aber nicht die griechisch metaphysische Vorstellung eines Sohnes von
Gott gemeint, die später in die Trinität mündete, sondern der von Gott Gesalbte,
der Messias. Auch im Alten Testament wurde der Titel verliehen. Dort für die
Könige Israels, die nach ihrer Salbung die Aufgabe erhielten, über das Volk
Israels zu herrschen und es zu führen.

wußtsein zeigt und sich indirekt in die Nähe von Gott rückt, indem er sich mit dem „Vater" identifiziert.[73] Heute würde man dieses Verhalten wohl als geisteskrank bezeichnen. Doch hier ist die damalige Zeit zu berücksichtigen, in der die Berufung als Prophet als nichts Ungewöhnliches galt. Sicher ist, daß Jesus sich als „Menschensohn" oder „Messias", nicht aber als Gott oder Halbgott angesehen hat. Das war eine spätere Entwicklung im Christentum.

Nicht nur Freunde und Bewunderer hatte Jesus bei seinem Auftritt, der bis zu seiner Hinrichtung vermutlich gerade mal ein Jahr zurücklag. Die vielen Belege lassen vermuten, daß Jesus kritisch mit der jüdischen Elite umgegangen ist. Das Gleichnis von den Arbeitern im Weinberg, das sich gleich in drei Evangelien wiederfindet, ist ein eindrückliches Beispiel dafür, wobei unklar bleibt, welche Wandlung die Erzählung durch die frühchristliche Überlieferung erfuhr:

Hört aber ein anderes Gleichnis: Es war ein Hausherr, der pflanzte einen Weinberg und zog einen Zaun darum und grub eine Kelter darin und baute einen Turm und verpachtete ihn an Weingärtner und ging außer Landes. Als nun die Zeit der Früchte herbeikam, sandte er seine Knechte zu den Weingärtnern, damit sie seine Früchte holten. Da nahmen die Weingärtner sein Knechte: den einen schlugen sie, den zweiten töteten sie, den dritten steinigten sie. Abermals sandte er andere Knechte, mehr als das erste Mal; und sie taten mit ihnen dasselbe. Zuletzt aber sandte er seinen Sohn zu ihnen und sagte sich: Sie werden sich vor meinem Sohn scheuen. Als aber die Weingärtner den Sohn sahen, sprachen sie zueinander: Das ist der Erbe, kommt laßt uns ihn töten und sein Erbgut an uns bringen. Und sie nahmen ihn und stießen ihn zum Weinberg hinaus und töteten ihn. [...] Und als die Hohepriester und Pharisäer seine Gleichnisse hörten, erkannten sie, daß er von ihnen redete. Und sie trachteten danach, ihn zu ergreifen; aber sie fürchteten sich vor dem Volk, denn es hielt ihn für einen Propheten.[74]

An anderen Stellen ist noch viel direktere Kritik Jesu gegen die Pharisäer überliefert[75], obwohl anzunehmen ist, daß Jesu Lehre in Teilen eine

---

[73] Johannes 10, 30
[74] Matthäus 21, 33 - 39 und 45 - 46
[75] Matthäus 23, 1 - 36

große Nähe zu jener religiösen Strömung aufwies. Die Frage ist nun, weshalb Jesus, wenn sein Auftreten gar nicht so ungewöhnlich war, so einen großen Wirkungskreis hatte und weshalb er zum Tode verurteilt worden war. Jesus hatte bei dem Amharaz, dem gemeinen Volk seiner Zeit, die Hoffnung geweckt, daß bald schon das Reich Gottes beginnen wird. Seine provokante Gemeinschaft mit den sonst religiös Außenstehenden machte ihn gerade bei diesen beliebt, nicht zu vergessen sein Ruf als Wunderheiler, der in jeder Stadt, in die er kam, die Massen anzog. Auch ohne hohe religiöse Bildung konnten sich die Menschen an ihn wenden. Und sie erhielten ebenso einfache Antworten und Anweisungen wie das „Vater unser", das dem jüdischen Tagesgebet entlehnt ist.

Die Beliebtheit Jesu beim Volk war für die römische Besatzung zum Pesachfest, vor dem Jesus verurteilt wurde, zu viel. Wenn die Erzählung vom Einzug in Jerusalem stimmen sollte, mußte Pilatus einen erneuten Aufstand der Juden erwarten. Zumindest ist er gleich viermal belegt.[76] Jubelnd empfängt ihn in den Überlieferungen die Menge:

Als am nächsten Tag die große Menge, die aufs Fest gekommen war, hörte, daß Jesus nach Jerusalem käme, nahmen sie Palmenzweige und gingen hinaus ihm entgegen und riefen: Hosianna! Gelobt sei, der da kommt im Namen des Herrn, der König von Israel![77]

Man bedenke, daß Pilatus Jesus als Aufständischen verurteilt hat: „Jesus von Nazareth, König der Juden", lautete die kurze Begründung auf dem Schild über dem Kreuz.[78] Schwer dürfte auch die Ankündigung der Zerstörung des Tempels gewogen haben, sowie die Kritik am Tempelkult. Diese Verbindung machte Jesus auch für die Sadduzäer gefährlich, die ihren Stand verteidigen wollten:

Da versammelten die Hohepriester und die Pharisäer den Hohen Rat und sprachen: Was tun wir? Dieser Mensch tut viele Zeichen. Lassen wir ihn so, dann werden sie alle an ihn glauben, und dann kommen die Römer und nehmen uns Land und Leute. Einer aber von ihnen, Kaiphas, der in dem Jahr Hohepriester war, sprach zu ihnen: Ihr wißt

---

[76] Matthäus 21, 1 - 11; Markus 11, 1 - 10; Lukas 19, 29 - 40; Johannes 12, 12 - 19

[77] Johannes 12, 12 - 13

[78] Johannes 19, 19

nichts; ihr bedenkt auch nicht: Es ist besser für euch, ein Mensch sterbe für das Volk, als daß das ganze Volk verderbe.[79]

Die Ankündigung der Zerstörung des Tempels ist wiederum sehr gut belegt, nämlich dreimal, sogar im Johannesevangelium, das aus eigenen Quellen schöpft. Während bei Matthäus und Lukas die Ankündigung mehr eine prophetische Voraussicht zu sein scheint, plaziert Johannes den Ausspruch in die „Tempelreinigung", die in allen Evangelien überliefert ist:

Und das Passahfest der Juden war nahe, und Jesus zog hinauf nach Jerusalem. Und er fand im Tempel die Händler, die Rinder, Schafe und Tauben verkaufen, und die Wechsler, die da saßen. Und er machte eine Geißel aus Stricken und trieb sie alle aus dem Tempel hinaus samt den Schafen und Rindern und schüttete den Wechslern das Geld aus und stieß die Tische um und sprach zu ihnen, die die Tauben verkauften: Tragt das weg und macht nicht meines Vaters Haus zum Kaufhaus. [...] Da fingen die Juden an und sprachen zu ihm: Was zeigst du uns für ein Zeichen, daß du dies tun darfst? Jesus antwortete und sprach zu ihnen: Brecht diesen Tempel ab, und in drei Tagen will ich ihn aufrichten.[80]

Später vor Gericht muß sich Jesus seine Äußerungen als Anklage gefallen lassen.

Der Hohe Priester aber und der ganze Hohe Rat suchte falsches Zeugnis gegen Jesus, daß sie ihn töteten. Und obwohl viele falsche Zeugen herzutraten, fanden sie doch nichts. Zuletzt traten zwei herzu und sprachen: Er hat gesagt: Ich kann den Tempel Gottes abbrechen und in drei Tagen aufbauen.[81]

Doch letztlich wurde Jesus von Römern verurteilt, wenn auch der Hohe Rat seinen Teil dazu beigetragen hat. Daß die große Menge nach der Verurteilung geschrien haben soll, ist höchst fraglich, da Ausgrabungen der Präfektur gezeigt haben, daß der Innenhof nicht groß genug gewesen ist. Wenn aber politische Gründe ausschlaggebend gewesen sind, muß die Frage nach dem Kreuzestod Jesu neu gestellt werden. Vielfach wird

---

[79] Johannes 11, 46 - 50
[80] Johannes 2, 13 - 16 und 17 - 18
[81] Matthäus 26, 60 - 61

ein Stellvertretertod Christi am Kreuz angenommen, bei dem Jesus mit seinem Blut für die Schuld der Menschen bezahlen mußte. Mit dieser Sichtweise ist die Auffassung von Jesus als Mensch und Gott in einer Person verbunden. Das war nicht immer so, zunächst aber eine alternative Deutung.

3.3 Semiotische Deutung des Kreuzestodes

Der Tod Jesu war schon in den Augen der ersten Christen nicht nur irgendein Märtyrertod, sondern hatte eine ganz besondere Bedeutung. Der Mensch sei von Gott getrennt, weil er seinen Weg ohne den Schöpfer und seine Gebote eingeschlagen hat. Die Trennung habe Jesus überwunden, indem er am Kreuz die Strafe übernahm, die eigentlich den Menschen betrifft. Wie bereits beschrieben, liegt die Vermutung eines blutrünstigen Gottes nahe, der das Oper sehen will, bevor er vergibt. In vielen Religionen ist diese Anschauung nicht fremd. Meist wurden Tiere - in Israel der Bock - zum Versöhnungstag Jom Kippur geopfert, um Schuld auszugleichen. Heute haben wir Probleme mit dieser Auffassung.

Es gibt mehrere Ansätze, Jesus und das Ostergeschehen zu deuten: zum einen von der historisch-faktischen Seite aus und zum anderen aus theologisch-heilsgeschichtlicher Perspektive. Beide können wieder jeweils ihren Fokus auf Jesus selbst richten und auf sein Umfeld. Da gibt es (1) dessen historisches Wirken, seine Predigt und seinen Lebenswandel. Mit zu bedenken sind die politische Situation und die religiöskulturellen Spannungen zu dieser Zeit. Von Jesu Jugend, Berufszeit und der eventuellen jüdischen Ausbildung zum Rabbiner, wie Rudolph Bultmann vermutete, ist so gut wie nichts bekannt. Kindheits- und Geburtsberichte hatten lediglich die Funktion, eine Theologie abzusichern, zum Beispiel die außergewöhnliche Beziehung zu Gott und die Erwählung. Zwischen den vielen Gleichnissen und Lehren ist nach einem roten Faden zu suchen, der sich durch das Wirken des Wanderpredigers hindurchzieht. Jesus ließ sich wie kein anderer Mensch auf Gott und seine Versprechen an sein Volk Israel und den einzelnen Gläubigen ein. Immer wieder ist in den Überlieferungen zu lesen, wie Jesus die Gegenwart Gottes sucht, beispielsweise im Gebet oder Vertrauen auf dessen Wirken. Wohl auch aus diesem Grunde brachten die ersten Christen Jesus unmittelbar mit Gott in Verbindung. Für das, was geschehen war, suchten sie Deutungsmuster ihrer Zeit: Es bot sich zum Beispiel an, Jesus mit dem jüdischen Hohepriester zu vergleichen, der zum Jom-Kippur-Fest als rituell reiner Fürsprecher das Volk mit Gott versöhnt. Die lebendige Endzeiterwartung suchte darüber hinaus in einer Zeit des Umbruchs und der einsetzenden hellenistischen Weltkultur nach Zeichen der Erfüllung. Jesus als der erwartete Messias lag hier nahe, so wie Matthäus keine Gelegenheit ausläßt, um eine Brücke zum Alten Testament und dessen Verheißungen zu schreiben. Christen dagegen, die sich als Nicht-Juden dem Glauben anschlossen, nahmen ebenfalls die Deutungsmuster aus ihrer Umwelt wahr. Hier boten sich die Mysterienkulte wie der Isis- oder Mithras-Kult an, die von einem Gott oder Halbgott berichteten, der im Leiden und der Auferstehung dem Menschen vorausging. In der mystischen Weihe konnte der Gläubige den Heilsweg dieses Gottes nachvollziehen. Christen übernahmen das Motiv später für ihre Taufvorstellung. Die metaphysischen Deutungen sind für die heutige Zeit problematisch und im Sinne von „Occams Razor" auch sehr spekulativ. Eine alternative Auslegung bietet die semiotische Christologie, also eine Deutung der christlichen Religion und ihrer Kernsätze mit Hilfe der Philosophie des Zeichens.

Der Text, den Sie lesen, enthält geschriebene Worte, die aus einzelnen Buchstaben bestehen. Sie bilden Zeichen, die auf etwas hinweisen (Signifikant). Die Worte „dieses Buch in Ihren Händen" verweisen beispielsweise auf das Buch in ihren Händen. Das reale Buch ist also das Bezeichnete (Significandum). Übertragen auf das Christentum hieße das: Jesus ist der Signifikant zum Significandum Gott. Es besteht also keine ontologische Übereinstimmung von Jesus und Gott wie in der mittelalterlichen Zweinaturenlehre, sondern ein semiotischer unaufhebbarer Zusammenhang. „Wer Jesus sieht, sieht Gott", könnte analog zum Autor des Johannesevangeliums formuliert werden. Der Mensch Jesus ließ sich wie kein anderer auf Gott ein und machte „an unserer statt" Erfahrungen, zu der auch die Erfahrung des Leides gehörte.

Was bedeutet nun die Verurteilung Jesu und seine Hinrichtung, wenn ich die oben beschriebene semiotische Betrachtung zugrunde lege? Wenn Jesus leidet, dann leidet auch Gott mit. Wie der Mensch Jesus das berechnende Todesurteil der römischen Besatzungsmacht unter Billigung der religiösen Elite auf sich nahm, nimmt Gott die Schuld, das Fehlverhalten der Menschen auf sich. Er ist eben nicht der blutrünstige, archaische Gott, der das Opfer sehen will, sondern er will den Kreislauf von Haß und Unfrieden unterbrechen. Zugleich will Gott um der Opfer willen die Gerechtigkeit wiederherstellen und nimmt aus diesem Grund die Hinrichtung in Kauf. Das, was Christen als Auferstehung überliefern, bedeutet letzlich dessen Bestätigung: Wie Jesus bis zum Schluß zu seiner Botschaft gestanden hat, so meint es auch Gott damit ernst, sich auf die Suche nach dem Menschen zu machen.

Die semiotische Deutung hilft auch beim Verständnis der Auferstehung. Jesus - so die einhellige christliche Überlieferung - blieb nicht bei den Toten. Zu Ostern war das Leben und Werk Jesu nicht zu Ende. Es geschah das, was Christen als Auferstehung feiern. Es ging weiter: „Jesus lebt." Das war die wichtigste Botschaft, die sich wie ein Lauffeuer verbreitete. Das regte auch die Phantasie der Menschen an: Engel treten am Grab auf. Je weiter sich die Überlieferung vom historischen Geschehen entfernt, umso mehr werden genannt. Das ist eindrucksvoll bei den Evangelien nachzulesen, die nicht Eingang in die Bibel gefunden hatten. Der Evangelist Markus beschreibt dagegen ganz nüchtern:

Und als der Sabbat vergangen war, kauen Maria von Magdala und Maria, die Mutter des Jakobus, und Salome wohlriechende Öle, um hinauszugehen und ihn zu salben. Und sie kamen zum Grab am ersten Tag der Woche, sehr früh, als die Sonne aufging. Und sie sprachen untereinander: Wer wälzt uns den Stein vor des Grabes Tür? Und sie sahen hin und wurden gewahr, daß der Stein weggewälzt war; denn er war sehr groß. Und sie gingen hinein in das Grab und sahen einen Jüngling zur rechten Hand sitzen, der hatte ein langes weißes Gewand an, und sie entsetzten sich. Er aber sprach zu ihnen: Entsetzt euch nicht! Ihr sucht Jesus von Nazareth, den Gekreuzigten. Er ist auferstanden, er ist nicht hier. Siehe da die Stätte, wo sie ihn hinlegten. Gehet aber hin und sagt seinen Jüngern und Petrus, daß er vor euch hingehen wird in Galilea; dort werdet ihr ihn sehen, wie er euch gesagt hat. Und sie gingen hinaus und flohen von dem Grab; denn Zittern und Entsetzen hatte sie ergriffen. Und sie sagten niemandem etwas; denn sie fürchteten sich.[82]

Damit endete das Markusevangelium früher, bevor es - wie in der heutigen Fassung der Bibel - ergänzt wurde, vermutlich um eine Harmonie

---

[82] Markus 16, 1 - 8

zu den anderen Evangelien herzustellen. Doch das Entscheidende war gesagt: Das Grab war leer. Seit der Aufklärung haben Theologen und Zweifler Schwierigkeiten, dieses Ereignis zu glauben. Aber es wäre auch ein Mißverständnis, davon auszugehen, daß einfach jemand wieder ins Leben zurückgekehrt wäre als sei nichts gewesen: Jesus war kein zweiter Lazarus und die Auferstehung keine göttliche Wiederbelebung. Jesus ist in die erste und letzte Wirklichkeit hineingestorben, die wir Gott nennen. Während einige Bibelstellen die Auferstehung fast leibhaftig beschreiben, indem sie schildern, wie Jesus mit seinen Jüngern zum Beweis seiner Existenz Fisch ißt[83] , läßt Johannes Jesus plötzlich auftreten und wieder verschwinden. Zwar zeigt Jesus dem Jünger Thomas seine Nägelmale von der Kreuzigung in seinen Händen, doch zu einer Berührung kommt es nicht.[84] Im ältesten Auferstehungszeugnis, das von Paulus im ersten Brief an die Korinther überliefert ist, nennt Paulus als Beleg für die Auferstehung Erscheinungen:

Denn als erstes habe ich weitergegeben, was ich auch empfangen habe: daß Christus gestorben ist für unsere Sünden nach der Schrift; und daß er begraben worden ist; und daß er auferstanden ist am dritten Tage nach der Schrift; und daß er gesehen worden ist von Kephas, danach von den Zwölfen. Danach ist er gesehen worden von mehr als 500 Brüdern auf einmal, von denen die meisten noch heute leben, einige aber sind entschlafen. Danach ist er gesehen worden von Jakobus, danach von allen Aposteln. Zuletzt von allen ist er auch von mir als der unzeitigen Geburt gesehen worden.[85]

Die gleichzeitige Erscheinung deutet auf eine Art Vision hin. Doch das Wort oyqh im Quellentext kommt von orao bedeutet soviel wie „sehen" mit der Nebenbedeutung „einsehen", „erkennen" und „wissen" und ist mit dem Begriff für „Auge" verwandt. Hätte Paulus eine bloße Erscheinung gemeint, hätte eine imperfekte Form von yainomai für „scheinen" nahegelegen. Darüber hinaus hätte der damalige Adressat des Briefes die Wahrheit dieser Berichte noch nachprüfen können. Es gab genug Zeitzeugen. Bei den anderen Berichten über die Auferstehung fällt außerdem auf, daß die Jünger Jesu ihn bei ihren Begegnungen mit ihm zunächst

---

[83] Lukas 24, 41 - 43
[84] Johannes 20, 24 - 31
[85] 1 Korinther 15, 3 - 8

nicht erkennen, erst als er bestimmte Handlungen vornahm. Niemals ist die Auferstehung genau geschildert worden, wie z. B. der Stein weggewälzt wurde und Jesus wieder ins Leben zurückkehrte, wie auch immer verstanden. Die Botschaft vom leeren Grab ist eine Glaubensbotschaft, wie der evangelische Theologe Heinz Zahrnt schreibt:

Das Bekenntnis der Christenheit zur Auferweckung Jesu lautet nicht: Der Herr ist tatsächlich auferstanden, sondern: Er ist wahrhaftig auferstanden! Darin kommt zum Ausdruck, daß es sich hier nicht um eine historische Feststellung, sondern um eine Glaubensaussage handelt. Entscheidend ist allein, daß Jesus von Nazareth sich dem Glauben als lebendig und bleibend erweist. Daß „Jesus lebt", wird nicht durch historische Forschungen und theologische Spekulation bewiesen, sondern allein durch „Erweise des Geistes durch die Kraft" beglaubigt. Wo immer Menschen im Neuen Testament an die Auferstehung Jesu glauben, dort „tut sich etwas" in ihrem Leben: Besitz wird geteilt, Wahrsagebücher werden verbrannt, Gemeinschaft entsteht neu, Angst und Leid werden bestanden, Menschen sind bereit, für die Wahrheit ins Gefängnis oder in den Tod zu gehen.[86]

Wenn dieser Mensch nach Glaubenszeugen nicht tot ist, dann hat Gott seine Botschaft bestätigt. Und wie Jesus „stellvertretend" für den Menschen die Konsequenzen seines Fehlverhaltens auf sich genommen hat, so ist er auch dem Menschen im Tode vorausgegangen. Aus einem unverrückbaren Ende des Lebens ist ein Meilenstein geworden, zu einem Leben, das Gott verspricht. Jedes Bild und jede Metapher über ein ewiges Leben nach dem Tod würde zu logischen Widersprüchen und Verwirrungen führen. Doch die Hoffnung und die Gewißheit, daß wir nicht ins Nichts hineinsterben und das Leben auf dieser Welt keinem bodenlosen Abgrund entgegengeht, bleibt.

---

[86] Heinz Zahrnt, Jesus aus Nazareth. Ein Leben, München und Zürich 1987, Seite 307

3.4 ENTWICKLUNGEN NACH JESUS

Nach dem Tod Jesu blieb es zunächst bei der kleinen jüdischen Sekte, die aber schnell Zulauf erhielt und zu einer Lebensgemeinschaft wurde. Die Hinrichtung mußten die Jünger zunächst einmal verkraften und eine Erklärung finden. Nur wenige Zeit später kristallisiert sich bei der Pfingstpredigt von Paulus eine Lehre heraus:

Liebe Männer, liebe Brüder, laßt mich freimütig zu euch reden von dem Erzvater David. Er ist gestorben und begraben, und sein Grab ist bei uns bis auf den heutigen Tag. Daß er nun ein Prophet war, daß ihm Gott verheißen hatte mit einem Eid, daß ein Nachkomme von ihm auf seinem Thron sitzen sollte, hat er's vorausgesehen und von der Auferstehung des Christus gesagt. Er ist nicht dem Tod überlassen, und sein Leib hat die Verwesung nicht gesehen. Dieser Jesus hat Gott auferweckt; dessen sind wir alle Zeugen.[87]

Sehr genau schildert die Apostelgeschichte die erste Phase in Jerusalem. An der Spitze der Bewegung stand Petrus, der selbst einige Missionsreisen unternahm. Aber die jüdische Gemeinde der Jesusanhänger wäre wohl nach der Zerstörung untergegangen, wenn nicht Paulus als Missionar unterwegs gewesen wäre. Er war es, der die erste Systematik entwickelte, die das Christentum prägen sollte: die Glaubenstheologie, die Rechtfertigungslehre, die Dialektik von Gesetz - also religiöser Pflicht - und Gnade, das Verhältnis von Heiden und Juden und sogar das Gemeindeleben, ethische Regeln und Eheschließung. Fest stand die christliche Dogmatik damit keineswegs. Im Gegenteil: Gerade, was die Person Jesu anging, wurde heftig gestritten. Die antiken Mysterienkulte prägten die Vorstellung von Erlösung und Wiedergeburt durch die Taufe. Die mythische Geburt des Gottes Mithra auf dem Felde beeinflußte zum Beispiel die Weihnachtsgeschichte. Die Tempel dieses Kultes ähnelten den ersten Kirchen. Auch das Abendmahl wandelte sich unter fremden Einflüssen der Mysterienkulte von der Erinnerung an das letzte Pesachmahl Jesu mit seinen Jüngern zu einer Eucharistie, einer Teilhabe am Sterben und Auferstehen Christi. Nicht zu vergessen ist das Trinitätsproblem in den ersten Jahrhunderten christlicher Geschichte. Meinungen von Rom, Karthago und Konstantinopel stritten um die theologische Vormachtstellung und brachten jeweils ihre Vorstellungen und

---

[87] Apostelgeschichte 2, 29 - 32

Traditionen mit ein. Augustinus knüpfte mit seiner unendlichen Strenge
gegen sich selbst an den Manichäismus an, der wiederum Verwandtschaft
mit der Gnosis hat, einer dualistischen Weltanschauung von Licht und
Finsternis, geistig-göttlicher und materieller Sphäre des Daseins. Alles
Irdische, vor allem Sexualität und Lustempfinden, waren sozusagen para-
digmatisch für das Vergängliche und das Reich der Finsternis. Schließlich verlangte der Platonismus seine Aufmerksamkeit, nachdem das
Christentum unter den Intellektuellen Fuß faßte. Markion von Sinope
(etwa 80 - 155 n. Chr.) war einer der ersten, die versuchten, griechische
Philosophie mit der Theologie und Überlieferung des jüdischen Kanons
- damals die Septuaginta für die hellenistische Welt - in Einklang zu
bringen. Eines der größten Streitpunkte dürfte das Trinitätsproblem
gewesen sein: Wer was Jesus? Wie ist sein Verhältnis zu Gott zu verstehen? Ist er Gott? Ist er Mensch? Oder vielleicht beides? Der rumänische
Religionswissenschaftler Mircea Eliade beobachtet in der Theologiegeschichte ein Fraktal[88] von Standpunkten, mit anderen Worten: Jede
Möglichkeit der Interpretation der „Natur Christi" fand auch seine
Anhänger. Eliade schreibt:

*Die Gestalt Christi zum Beispiel läßt sich in seine Göttlichkeit, seine
Menschlichkeit, in die Beschaffenheit des Jesus Christus genannten
Aggregats, in sein Wesen, seine Substanz, seine hierarchische Stellung
usw. aufteilen. Wir können sagen, daß Jesus Christus sich im Zentrum
eines multidimensionalen Fraktals befindet, das nach Regeln arbeitet
und sich entfaltet, die mit binaren Begriffen zu beschreiben sind. So
gesehen können wir von einem Christus sprechen, der nur göttlich ist
[Doketismus], von einem nur menschlichen Christus [Ebjoniten] oder
auch von einem Christus, dem eine dritte Natur eigen ist. Die doppelte
Natur Christi kann wiederum beschrieben werden als vermischt oder
deutlich getrennt, je nachdem, ob der Akzent auf die klar zu unterscheidende oder auf die sich nicht zu unterscheidende Beschaffenheit der*

---

88 Fraktal meint eine logische Baumstruktur, ähnlich einem Entscheidungsmuster
mit ja/nein-Optionen. Wenn jemand morgens aufwacht, kann er entweder aufste-
hen oder liegen bleiben; wenn er aufsteht, kann er ins Bad gehen oder nicht ins
Bad gehen; wenn er im Bad ist, kann er sich duschen oder nicht duschen …

Mischung angelegt ist. Schließlich kann die Mischung auch mehr götli-
che als menschliche Natur enthalten und umgekehrt.[89]

Während die Engelschristologie sowohl eine Göttlichkeit als auch
Menschlichkeit ablehnt, nimmt der Nestorianismus an, daß Christus
beide Naturen in sich vereinte, die jedoch voneinander geschieden sind.
Eine Verbindung beider Naturen vertritt auch die Theologie der großen
Kirchen (Tridentinum), wobei Monophysititsen wieder beide Naturen
unterscheiden, obwohl sie in Christus vereint sind. Auf dem Konzil von
Konstantinopel im Jahre 381 wurde dies festgelegt.

Von Rom beeinflußt dringt das Priestertum in das Christentum hinein.
Plötzlich stehen Probleme wie Priesterweihe, Gültigkeit der Taufe und
Bischhofsämter an. Aus Ägypten treffen Mönche in Rom ein und bringen das Klosterwesen mit, mit der Strenge und Konzentration auf Gott.
Schließlich verhalf Kaiser Konstantin dem Christentum zum Durch-
bruch. Nach römischer Sitte war der Kaiser zugleich pontifex maximus,
der höchste Priester. Macht und Kirche gingen eine Fusion ein und leg-
ten sowohl den Grund für ein christliches Europa als auch die päpstlich
geführte katholische Kirche.

Der Streifzug durch die Theologiegeschichte soll deutlich machen: Die
Theologie ist nicht vom Himmel gefallen. Das, was heute als selbstverständlich erscheint und die zentralen Bestandteile der Kirchengläubigkeit
ausmacht, ist geschichtlich gewachsen. Mit dem historischen Jesus, der
in der Epoche der Aufklärung wiederentdeckt wurde, hat das oft sehr
wenig zu tun. Letztlich gilt auch für das Christentum und seine Konfessionen das, was Gotthold Ephraim Lessing (1729 - 1781) in seiner
Ringparabel aus dem Bühnenstück „Nathan der Weise" beschrieb. Als
ein reicher Mann im Sterben lag, mußte er entscheiden, welchem seiner
drei Söhne er seinen Ring schenken sollte, der über Wunderkräfte ver-
fügte. Da er nicht wollte, daß einer seiner Söhne leer ausging, ließ er
drei Kopien anfertigen, die sich vom Original nicht mehr unterschieden.
So vererbte der reiche Mann seine Ringe an die Söhne. Wer den
„echten" hat, das sollte ihr Leben zeigen, indem sie in Gerechtigkeit und
Güte wetteifern sollten. Lessing schrieb die Parabel vor dem Hintergrund des Religionskonfliktes zwischen Christen, Juden und Moslems,

---

[89] Mircea Eliade und Ioan P. Couliano, Handbuch der Religionen, Zürich und
München 1991, Seite 226

den das Bühnenstück zum Thema hat. Der jüdische Kaufmann Nathan zog ein Christenmädchen auf. Der Vertreter der christlichen Kirche erfährt davon und verlangt die Todesstrafe dafür, weil er glaubt, daß die junge Frau durch die Religion des Juden beeinflußt wurde. Ebenso in die Geschichte verwickelt ist ein islamischer Sultan. So müßte es auch unter den christlichen Konfessionen sein: Wer die Wahrheit besitzt, das sollte sich durch ein Wetteifern um Gerechtigkeit und Humanität herausstellen. Der katholische Theologe Hans Küng stellt drei Kriterien auf, an denen sich Religionen messen lassen sollen: Das allgemein-ethische (Humanum), das authentisch-kanonische und das spezifisch christliche Kriterium mit Blick auf die Person Jesus. Zum ersten Punkt schreibt er:

Insofern die Religion der Menschlichkeit dient, indem sie in ihren Glaubens- und Sittenlehren, ihren Riten und Institutionen die Menschen in ihrer menschlichen Identität, Sinnhaftigkeit und Werthaftigkeit fördert und sie eine sinnvolle und fruchtbare Existenz gewinnen läßt, ist sie wahre und gute Religion. Das heißt: Was die Menschen in ihrem psychisch-physischen, individuell-sozialen Menschsein (Leben, Integrität, Freiheit, Gerechtigkeit, Frieden) offenkundig schützt, heilt und vollendet, was also human, wahrhaft menschlich ist, kann sich mit gutem Grund auf „Göttliches" berufen. [...] Insofern Religion Unmenschlichkeit verbreitet, insofern sie in ihrer Glaubens- und Sittenlehre, ihren Riten und Institutionen die Menschen in ihrer menschlichen Identität, Sinnhaftigkeit und Wahrhaftigkeit hindert und so eine sinnvolle und fruchtbare Existenz verfehlen hilft, ist sie eine falsche und schlechte Religion. Das heißt: Was die Menschen in ihrem psychisch-physischen, individuell-sozialen Menschsein (Leben, Integrität, Freiheit, Gerechtigkeit, Frieden) offenkundig unterdrückt, verletzt und zerstört, was also inhuman, nicht wahrhaft menschlich ist, kann sich nicht mit Grund auf „Göttliches" berufen. [90]

An diesen konkreten Maßstäben sollte sich auch das Christentum selbst messen. Alle Lehrstreitigkeiten, die sich oft nur über Umwege auf die Bibel stützen, sei es Trinität oder Tauffrage, Metaphysik und Apokalypse, sollten entweder relativiert oder ganz im Sinne von Occams-Razer beurteilt werden. Die historische Betrachtungsweise ist aber kein Verlust

---

[90] Hans Küng, Theologie im Aufbruch. Eine ökumenische Grundlegung, München und Zürich 1987, Seite 293 - 294

aller Glaubensaussagen. Im Gegenteil: Wer tiefer in die Überlieferungen, Berichte, Geschichten und bildhaften Lehren eindringt, wird feststellen, wie lebendig die Geschichte ist. Die Bibel ist eben kein Buch Mormon, das die Handschrift eines einzigen trägt, oder ein historischer Report, dessen Autor sich von Faktum zu Faktum hangelt, sondern ein Zeugnis von vielen Begegnungen, Ängsten, Katastrophen und Neuanfängen. Die Bibel ist der Spiegel eines Lebens voller Erfahrungen mit Gott, kein Paragraphendschungel von Theologen.

Wer das erkennt, kann auch mit den Texten umgehen, die in Kapitel 2 zu den aufgeführten Mißverständnissen und einem falschverstandenen Christentum führten.

Wenn in den Gleichnissen wie dem vom Schatz im Acker von dem kompromißlosen Entscheidungscharakter unseres Lebens die Rede ist, dann geschieht das vor dem Hintergrund der unmittelbaren Endzeiterwartung. Die Bedeutung des alltäglichen Lebens, das von Familie, Arbeit und Festen geprägt ist, spielte keine Rolle mehr. Deshalb konnte Jesus auch seine Jünger um sich versammeln, um mit ihnen das „Reich Gottes" vorzubereiten. Sie ließen die Arbeit hinter sich, gaben ihre Existenz und sogar ihre Familien auf. Hat sich Jesus geirrt? Auf der einen Seite war Jesus ein Mensch, der von seiner Zeit geprägt war, auf der anderen Seite hatte er eine außergewöhnliche Beziehung zu Gott. Insofern kann die Ankündigung des „Reiches Gottes" auch in der Gegenwart eine große Rolle spielen, denn es ist überall da, wo Gottes Wirken Raum gegeben wird, sei es in der christlichen Gemeinde oder im Schlichten von Streit, dem gerechten Urteil und nicht zuletzt der Liebe.

Zwar gleicht der Weg eines Christen einem Nadelöhr, vor allem dort, wo die politisch-gesellschaftliche Situation Druck auf die Christen ausübt. Nicht in jeder Zeit hat der Vergleich Jesu die gleiche praktische Bedeutung. Auf keinen Fall sollen sich Christen ausgrenzen und in die Einsamkeit gedrängt werden. Das Christentum darf keine Subkultur werden, sondern es muß - so beschreibt es die Bibel - das Salz der Erde sein. Christen sollen sich unter das Volk mischen, es prägen, Akzente setzen und die frohe Botschaft vorleben und weitergeben. Dazu müssen sie auf andere zugehen und im paulinischen Sinne „den Juden ein Jude und den Griechen ein Grieche" sein. Auch unterdrückte Emotionen und betäubende Demut sind fehl am Platz. Der Mensch braucht keine Angst

vor der Sünde zu haben, denn Gott hat ein für allemal gezeigt, daß er
die Menschen nicht im Stich läßt. Von Jesus sind Wunderheilungen
berichtet, die ein Zeichen dafür sind, daß es Jesus nicht egal war, was die
„Amharaz", die einfach lebende Volksmasse, tat.

3.5 DER HUMANISTISCHE GEGENENTWURF

Gemessen an dem humanistischen Kriterium können die im zweiten
Kapitel aufgeführten Interpretationen des christlichen Glaubens nicht
akzeptiert werden. Anstatt in Angst, Demut und Depression zu leben,
ist es wünschenswert, daß der Mensch lernt, in seine eigenen Fähigkeiten zu vertrauen. Das muß schon ein Kind lernen, das erst krabbelnd,
stolpernd und dann immer selbstbewußter gehend ins Abenteuer
„Leben" hineinwächst. Gute Eltern werden ihr Kind begleiten, ihnen
helfen, es aber auch loslassen, denn es muß lernen, auf eigenen Beinen
zu stehen und zu laufen. Das gilt für den gesamten Lernprozeß, nicht
nur für die rein äußerlichen Dinge, sondern mindestens ebenso wichtig
ist das für das soziale Lernen. Kinder werden scheitern, Erfahrungen
sammeln aber auch Erfolg haben bei der Integration in die Gemeinschaft. Wer Angst hat und sich nichts zutraut, wird zwar keine Fehler
machen, dafür aber niemals den Erfolg erleben und die schönen Erfahrungen machen, welche das Leben bieten kann. Selbstvertrauen bedeutet
Mut, immer wieder etwas Neues zu wagen, und Durchhaltevermögen, bei
Rückschlägen nicht den Kopf in den Sand zu stecken. Schuldgefühle
dürfen nicht von vornherein einengen und lähmen. Sie gehören dort-
hin, wo sie ihren Platz haben: wo ein Mensch auf Grund seines bewuß-
ten Fehlverhaltens oder von Fahrlässigkeit Schaden angerichtet hat, vor
allem in bezug auf andere Menschen. Schuld darf nicht in abstrakten
Regeln und Prinzipien begründet sein. Schuld ist etwas - und das gehört
auch zum Selbstvertrauen -, was ein Mensch in vielen Fällen angehen
kann, indem er Verantwortung für die Konsequenzen übernimmt und
sich aussöhnt. Christen kennen darüber hinaus auch die Verantwortung
gegenüber Gott. Auch hier kann die Beziehung immer wiederhergestellt
werden, indem der Mensch diesen Gott im Gebet anruft oder seine
Handlungsweise ganz praktisch ändert. Die praktische Ausrichtung verhindert eine ständige Sündenangst und kontrolliert Übertreibung. So

sollte eine Religion einen Menschen stark machen, ihm Selbstbewußtsein und Sinnhaftigkeit geben.

Zum Vertrauen auf die eigenen Fähigkeiten gehört ebenso dazu, die
eigenen Grenzen zu kennen und anzuerkennen. Der Mensch kann
nicht alles. Leistungsgrenzen und der begrenzte Lebenshorizont sind
integraler Bestandteil des Lebens, die es aber dadurch zugleich wieder
wertvoll machen. Darauf kann auch die Religion aufmerksam machen,
ohne aber die Selbständigkeit und Fähigkeiten des Menschen zu leug-
nen. Die Selbständigkeit aber ist Voraussetzung für ein verantwortliches
Handeln, das beispielsweise bei Luther und seiner Prädestinationslehre[91]
ausgeschlossen ist. Verantwortliches Handeln bedeutet nämlich, daß sich
eine Person über die Folgen ihres Tuns im klaren ist und für eventuelle
Folgen einsteht. „Risikokalkül" heißt deswegen auch das entscheidende
Stichwort in der modernen Ethikdiskussion. Verhaltensstile können
hingegen an „Helwigs Wertequadrat"[92] verdeutlicht werden, bei denen
jeder Wert beziehungsweise jedes Leitprinzip für eine Persönlichkeit als
eine Balance zu einem Gegenwert verstanden wird. Eine reife Persönlichkeit sollte also diese Spannung zwischen zwei Polen aushalten können. Ohne diese Spannung kommt es entweder zu einer negativen Übertreibung oder aber das Handlungsprinzip kippt auf Grund von negativen
Erfahrungen in das extreme Gegenteil um. „Überkompensation" nennen
Psychologen diese Reaktion. Friedemann Schulz von Thun nennt in
seinem Buch einige Beispiele[93]: In einem setzt er Sparsamkeit und
Großzügigkeit in ein Spannungsverhältnis zueinander. In einem aufge-
malten Quadrat erscheinen die Begriffe in der linken und rechten oberen
Ecke. Dementsprechend gibt es zu jedem Begriff eine Übertreibung. Auf
der linken Seite steht die Sparsamkeit dem Geiz in der unteren Ecke
gegenüber. Auf der anderen Seite steht die Großzügigkeit der Ver-
schwendung gegenüber. Die Bedeutung der Überkompensation kann an
einem anderen Beispiel deutlich gemacht werden. Vertrauen ist eine
wichtige Eigenschaft, um Beziehungen aufzubauen und gemeinsame

---

[91] Vorherbestimmung des Menschen durch Gott. Ob ein Mensch den Heilsweg
geht, hängt allein von der (willkürlichen) Wahl Gottes ab.
[92] Angelehnt an die Arbeit von P. Helwig, Charakterologie, Freiburg im Breis-
gau 1967
[93] Friedemann Schulz von Thun, Miteinander reden. Stile, Werte und Persön-
lichkeitsentwicklung, Hamburg 1989/1997, Seite 38ff

Ziele anzustreben. Aber es gibt auch eine Übertreibung: die naive Vertrauensseligkeit. Daraus wird alleine schon klar, daß es auch eine gesunde Vorsicht geben muß, die mit Hilfe unserer Erfahrung abzuwägen weiß, wieviel Vertrauen wir schenken können. Die reife Persönlichkeit bewegt sich also in diesem Spannungsfeld von Vertrauen und Vorsicht. Wurde eine Person aber einmal schwer enttäuscht, kann es vorkommen, daß sie zu stark reagiert und in eine Überkompensation hineingerät. Fortan ist sie von einem paranoiden Mißtrauen geprägt, der übertriebenen Vorsicht. Das Wertequadrat ist nun in vielerlei Hinsicht interessant. Zum einen zeigt es, daß wir uns in einem Spannungsfeld bewegen und lernen müssen, dieses Spannungsfeld auszuhalten. In der Sprache der Religion bedeutet das, daß wir nicht immer eine ideale Entscheidung treffen können: So sehr auch Nächstenliebe gefragt ist, kann es auch wichtig sein, Gerechtigkeit auszuüben und jemanden zur Verantwortung zu ziehen, bis zum Schadensersatz oder Freiheitsentzug. Ambiguitätstoleranz nennen das die Psychologen. Auf der anderen Seite erlaubt das Wertequadrat eine ethische Orientierung in einer komplexen Welt, in der keine starren, alle Fälle abdeckenden Verhaltensnormen gegeben werden können.

So unterschiedlich Menschen sind, so unterschiedlich werden sie auch Akzente in den Wertequadraten setzen, die sie bewußt oder unbewußt entwickeln. Eine junge Gemeindeströmung greift die Individualität von Menschen mit ihren jeweiligen Stärken und Schwächen auf. Trotz Bibeltreue werden die Gläubigen hierbei nicht in ein einziges Schema gepreßt. „Dienen im Einklang von Neigungen, Stärken und Talenten" (D.I.E.N.S.T.) nennt sich ein Programm, das neben dem Ziel, Gemeindeentwicklung zu betreiben, den individuellen Menschen vor Augen hat. Es beinhaltet Schulungsmaterialien, Arbeitshefte und Anleitungen, die an das professionelle Coaching in Industrie und Beratungseinrichtungen erinnern. Die Wurzeln dieses Programmes liegen bei der Willow Creek Bewegung unter Bill Hybels, einem charismatisch geprägten Christentum. Sie verbindet den Dienst an Gott mit dem persönlichen Wachstum und der Sinnerfüllung des einzelnen. Bruce Bugbee, einer der Co-Autoren des D.I.E.N.S.T.-Profiles, schreibt:

Wenn Sie wissen, wie Gott Sie geschaffen hat, und anfangen, Ihre Persönlichkeit gewissenhaft zum Ausdruck zu bringen, werden Ihr persönliches Leben und Ihr persönlicher Dienst einen höheren Level an

Zielgerichtetheit und Bedeutung gewinnen. Es beginnt damit, daß Ihr Dienst an den Menschen in der Gemeinde bestätigt wird, denen sie dienen. Diese Wahrheiten können Ihr Selbstwertgefühl steigern und Ihre persönlichen Möglichkeiten beträchtlich erweitern, wenn Sie sie in einen größeren Lebenskontext übertragen.[94]

Statt verbitterter Demut benutzt der Autor den modernen Dienstbegriff, den heutige Christen ohne die negativen Assoziationen füllen können. Unter Neigungen versteht das Programm persönliche Interessen und Themen, zu denen sich eine Person hingezogen fühlt: Wir können nicht alles gleichzeitig tun, sondern es ist sinnvoll, sich auf bestimmte Aufgaben zu konzentrieren. Bruce Bugbee schildert eine Situation, in der er im Auto an der Ampel zum Stehen kommt. Aus den Augenwinkeln bemerkt er einen heruntergekommenen Mann um die 50 Jahre, der die Abfalleimer nach Aluminiumdosen durchsucht. Alle Fundstücke legt er sich in einen Einkaufswagen, um sie zu sammeln und dafür ein paar Cents zu verdienen. Bugbee bekommt Mitleid und es schießen ihm Fragen durch den Kopf, wie es dazu kam, wie lange er schon auf der Straße lebt, ob er eine Familie habe und vieles mehr. Doch als die Ampel wieder grün wird, fährt er weiter zu einem Treffen für die Gemeindearbeit. Einige Menschen würden das als Hartherzigkeit kritisieren. Viele Beispiele dieser Art sind denkbar; jemand hält Sozialabbau für eine politische Ungerechtigkeit und engagiert sich dennoch nicht. Oder ein Kinderschutzbund sucht nach freiwilligen Helfern und eine Person, die diesen Aufruf sieht, meldet sich doch nicht, obwohl sie die Wichtigkeit der Arbeit kennt. Bruce Bugbee verurteilt diese Haltung nicht, im Gegenteil, er weiß, daß die Zeitressourcen begrenzt sind und nicht jeder die gleichen Aufgaben übernehmen soll. Vielmehr sollen Menschen ihren Neigungen nachgehen. Das ist revolutionär in der christlichen Ethik, die vom Menschen bisher die Vollkommenheit forderte, in jeder Lebenslage einen höchsten Anspruch an Mitgefühl, Hilfe und Engagement entgegenzubringen. Das zweite Kapitel zeigte, wie unmöglich das ist und welche Folgen es für den hat, der dem nachzugehen versucht. Bugbee schreibt:

---

[94] Bruce Bugbee, Auf mich kannst Du bauen. Mein Dienst in der Gemeinde im Einklang von Neigungen, Stärken und Talenten, Wiesbaden 1996, Seite 20

Wenn unsere Herzen alle für dieselben Dinge schlagen würden, blieben eine Menge Nöte in der Welt vernachlässigt. Aber Gott hat in jeden von uns so etwas wie einen göttlichen Magneten eingepflanzt, der für uns die Menschen, Aufgaben und Dinge anzieht, für die wir uns nach Gottes Willen engagieren sollen. Das ist keine nachträgliche Idee Gottes. Unsere Neigung ist so in uns eingebaut, daß wir uns von selbst an Gottes Ziel für unser Leben anpassen.[95]

Neigungen sind das, wofür wir am liebsten unsere Zeit, Energie und Mittel einsetzen würden, um am Ende des Lebens oder Lebensabschnittes zufrieden zurückschauen zu können. Es geht um das, was uns Sinnhaftigkeit vermittelt, wofür wir bereit sind, uns zu konzentrieren. Einige Autoren wie Daniel Goleman nennen diese Funktion intuitives Fließen. Trotz anspruchsvoller Arbeit ist der Energieverbrauch relativ gering. Ein Wissenschaftler beschäftigt sich stundenlang mit einem Experiment und vergißt dabei die Zeit. Geradezu mühelos bringt er Höchstleistungen. In einem anderen Fall ist ein Verkäufer ganz bei der Sache. Es macht ihm geradezu Spaß, einen potentiellen Kunden zu überzeugen. Auch er vergißt die Zeit, spürt eine positive Energie, keinen Stress, obwohl ein hoher Kundenverkehr herrscht. Christen können ihre Neigungen einsetzen, um ihrer Umwelt einen Dienst zu erweisen und Gott zu ehren. Bruce Bugbee macht Mut, auch die Neigungen zu berücksichtigen, die unkonventionell erscheinen. Es mag sein, das sie durch die Skepsis von Freunden, Familie oder Kollegen verschüttet sind. Um anerkannt zu werden oder anderen zu gefallen, kann es sein, daß jemand seine Neigungen unterdrückt. Vielleicht will diese Person in ihrer Gemeinde ganz praktisch mit Jugendlichen umgehen, anstatt in einem Bauausschuß zu diskutieren. Sie hat bisher immer den Weg für sich gewählt, der ihr als vernünftig galt.

In einem zweiten Schritt beschäftigt sich das D.I.E.N.S.T-Profil mit den geistlichen Gaben beziehungsweise mit den Talenten. Sie beziehen sich weniger auf die puren Interessen, als auf Fähigkeiten und Aufgaben. Zwar lassen sich solche Fähigkeiten ausbauen, erlernen und trainieren, doch de facto beobachten wir Begabungen. Diese sind wiederum eng mit den Interessen verbunden. Paulus vergleicht die Gemeinde mit dem

---

[95] a. a. O., Seite 33

menschlichen Körper[96] : Alle Glieder und Organe sind Teil eines Ganzen mit jeweils einer Funktion, die diesem Ganzen dient. Entsprechend soll es in der Gemeinde sein: Es wäre Unsinn, wenn jeder versuchen würde, alles zu tun, obwohl gerade in der Praxis ehrenamtliche Mitarbeiter hoffnungslos überlastet sind und Aufgaben übernommen haben, die ihnen überhaupt nicht liegen. Bruce Bugbee schreibt:

Was wäre, wenn jeder Christ seine geistlichen Gaben gebrauchen würde? Dann würde überall mehr Freude herrschen, die Beanspruchung des einzelnen wäre angemessen und der Dienst energiegeladener. Der Leib Christi würde richtig funktionieren und wäre ein gesunder Ort für Gottesdienst, Dienst am Nächsten und Evangelisation.[97]

Wer das erkennt, soll sich nicht mehr hinter Demut verstecken, sondern seine Stärken zum Blühen bringen. An Gaben nennt der Autor beispielsweise Kreativität, Organisation, Lehren, Handwerk, Gastfreundschaft, Erkenntnis und spezifisch christliche Tätigkeiten wie Evangelisation, Fürbitte oder Glaube.[98] Auch für das ganz alltägliche Leben ist es gerade wichtig, diese Fähigkeiten zu erkennen und gezielt weiterzuentwickeln. Dabei ist es ein Anliegen, daß die Tätigkeit eine Integration in der Gemeinschaft erlaubt, also Sinn vermittelt und soziale Zugehörigkeit. Letzteres entspricht etwa dem biblischen Bild des Körpers, das sich vor allem auf das Gemeindeleben bezieht.

Ein dritter Schritt bezieht das Persönlichkeitsprofil eines Menschen mit ein. Wie unterschiedlich Menschen fühlen und handeln, wurde in der Theologie kaum beachtet. Für einen humanistischen Ansatz sind diese Erkenntnisse um so wichtiger. Aus der Psychologie und der Praxis der Personalentwicklung in der Wirtschaft sind einige Profile entstanden, mit denen Persönlichkeitstendenzen festgestellt werden können, ohne jemanden in eine Schublade zu stecken. Eines davon ist das DISG-Persönlichkeitsprofil, das auch das D.I.E.N.S.T.-Profil in leicht vereinfachter Form übernommen hat. Das DISG-Profil kennt zwei Grundparameter. Der eine ist der Wunsch des Menschen nach Veränderung und das Maß an offensivem Verhalten. Stellen Sie sich eine senkrechte

[96] Römer 12, 1 - 8

[97] a. a. O., Seite 52

[98] In der Bibel werden die Gaben in 1 Korinther 12, Römer 12, Epheser 4 und 1 Petrus 4 beschrieben.

Achse vor. Ihr oberes Ende steht für ein extrovertiertes Verhalten, das auf andere Menschen zugeht, ihr unteres Ende für ein introvertiertes, in sich zurückgezogenes Verhalten. Ein zweiter Parameter wird auf einer horizontalen Achse dargestellt, so daß beide ein Koordinatensystem bilden. Die linke Seite markiert die Ausprägung von Sachorientierung, die rechte Seite die Menschenorientierung. Nicht alle mögen es, mit vielen Kollegen, Kunden oder Experten zu tun zu haben, sondern gehen erst dann auf, wenn sie sich um Dinge kümmern, Managementaufgaben erfüllen, handwerklich arbeiten oder wissenschaftliche Experimente durchführen. Andere dagegen halten es kaum an einem Schreibtisch aus, wenn sie dort nur mit Akten zu tun haben. Sie brauchen den Kontakt mit Menschen und das Arbeiten im Team. Entsprechend dieser Parameter kennt das DISG-Profil nun vier Persönlichkeitstendenzen, die sich aus den vier Quadranten des Koordinatenkreuzes ergeben und mit ihren Anfangsbuchstaben den Namen DISG bilden: dominant für eine extrovertierte und sachorientierte Ausprägung, initiativ für Extroversion und Menschenorientierung, stetig für Introversion und Menschenorientierung und gewissenhaft für Introversion und Sachorientierung. Das Persönlichkeitsprofil ergibt sich nun nicht aus einer Plazierung eines Menschen irgendwo in das Koordinatensystem, sondern in einer individuellen Gewichtung aller Persönlichkeitstendenzen. Dabei fällt in der Regel auf, daß einzelne Eigenschaften besonders stark ausgeprägt sind, andere weniger. Im Buchhandel gibt es einen preisgünstigen Selbsttest, der aktuell validiert, also wissenschaftlich überprüft ist.[99] Nun zu den einzelnen Tendenzen:

Die dominante Persönlichkeit ist durch ein extrovertiertes und sachorientiertes Verhalten gekennzeichnet. Sie fühlt sich herausgefordert, wenn Opposition oder Konkurrenz überwunden werden soll. Die Kämpfernatur verbinden viele mit der Chefetage, denn das „D" ist durchsetzungsfähig, kümmert sich nicht um Details und Kleinigkeiten, sondern konzentriert sich auf das Wichtigste. Er oder sie übernimmt gerne die Verantwortung und will die Richtung bestimmen. Nicht selten sind es diese Persönlichkeiten, die den Stein ins Rollen bringen.

Die initiative Persönlichkeit zeichnet sich durch ein extrovertiertes und menschenorientiertes Verhalten aus. Ihre offene Art sorgt in vielen Fäl-

---

[99] Das DISG Persönlichkeitsprofil, GABAL-Verlag

len für ein angenehmes und motivierendes Klima. Im Gegensatz zum „D" arbeitet ein „I" am liebsten im Team und steht dort gerne im Mittelpunkt. Er oder sie ist kontaktfreudig, geht auf andere zu und kann Menschen für eine Sache begeistern. Ihre Beweglichkeit und unkonventionelle Art bringt oft Innovationen und Neuheiten voran. Ein „I" braucht sogar ab und zu den „Tapetenwechsel". Auf andere wirken initiative Persönlichkeiten manchmal wie Chaoten, weil sie dazu neigen, mehrere Dinge auf einmal zu tun.

Die stetige Persönlichkeit ergibt sich aus einer starken Menschenorientierung und einer introvertierten Grundhaltung. Ein „S" liebt Beständigkeit, eine stabile Umgebung mit vertrauten Gesichtern. Er oder sie mag durchaus die Routinearbeit und Arbeiten von Dauer. Dabei schaffen sie eine gleichbleibende Qualität und sind weniger stimmungsbedingten Höhen und Tiefen unterworfen. Beliebt sind stetige Menschen wegen ihrer Gemütlichkeit und Kollegialität. Etwa zwei Drittel der Menschen haben eine hohe stetige Ausprägung in ihrer Persönlichkeit.

Die gewissenhafte Persönlichkeit ist durch ein introvertiertes und aufgabenorientiertes Verhalten gekennzeichnet. Ein „G" ist pünktlich, ordnungsliebend und ausdauernd. Er oder sie besticht durch eine sachliche und rationale Diskussionsfähigkeit. Aufregung und Konflikte scheuen diese Menschen und bleiben auch in schwierigen Situationen förmlich und sachlich. Gewissenhafte Personen neigen dazu, Bewährtes vorzuziehen, von dessen Qualität sie überzeugt sind. Gerne arbeiten sie alleine und konzentrieren sich darauf, das, was sie tun, auch richtig zu machen. Dabei zählen für sie Detailgenauigkeit und Perfektion.

Diese Erkenntnisse sind nicht nur für die Wirtschaft interessant, sondern auch für das tägliche Leben. Es verhilft zu der Erkenntnis, wie unterschiedlich Menschen sind, warum sie anders reagieren und wie Konflikte zustande kommen. Anstatt zwischenmenschliche Probleme zu moralisieren, gibt es die Chance, die Ursachen in unterschiedlichen Verhaltensstilen zu erkennen. Diese sind geprägt von Ängsten, Erfahrungen und Zielvorstellungen. Stetige Menschen sind vorsichtig und zögern lieber eine Entscheidung heraus. Das kann eine dominante Person zur Weißglut bringen. Initiative Menschen mögen dagegen in den Augen eines gewissenhaften als chaotisch und zu sprunghaft erscheinen. Wichtig ist es, die unterschiedlichen Profile als Chance zu begreifen.

Durch die entsprechend verschiedenen Stärken und Schwächen kann es zu einer fruchtbaren, sich ergänzenden Kooperation kommen, sei es privat, im Berufsleben oder in der Gemeinde. Ein Mensch, der bei einer genauen Analyse nicht die Geduld verliert, ist ideal geeignet für einen Menschen, der lieber kreative Konzepte entwickelt. In der Gemeinde muß es Mitarbeiter geben, die Spaß an Verwaltung haben und welche, die in der Seelsorge anderen zuhören können und diesen Kontakt mögen. Aus einer Stärke wird dann eine Schwäche, wenn sie übertrieben wird, also der Gewissenhafte keinerlei Risiko eingeht, der Dominante mit dem Kopf durch die Wand seine Ziele erreichen will oder der Initiative durch seine Unverbindlichkeit andere in Schwierigkeiten bringt. Im theologischen Zusammenhang bedeutet das: Es gibt verschiedene Wege, die Religion zu leben, ob still und reflektierend oder fröhlich feiernd. Diese Entscheidung sollte offen bleiben und nicht zum Streit unter Christen werden. Toleranz bedeutet zugleich eine Entlastung von der Aufgabe, unbedingt den einen richtigen Weg zu finden und diesen argumentativ zu begründen.

Mit Ritualen und religiösen Übungen kann der Dominante wenig anfangen. Doch wenn er erkennt, daß er Gott gegenüber verantwortlich ist, zieht er auch schnell die Konsequenz. Er wird nach dem ganz praktischen Nutzen fragen: Was bringt mir das Ganze? Es genügt ihm auch, die wichtigsten Stellen der Bibel zu kennen und sich darauf zu konzentrieren, daß sich etwas durch den Glauben verändert.

Ein initiativer Mensch legt Wert auf Beziehungen und darauf, sich selbst einzubringen. Ihm macht es Spaß und es drängt ihn geradezu dazu, von seinem Glauben weiterzuerzählen. Sie nehmen es im allgemeinen leichter mit religiösen Vorschriften, drohenden Untergangsszenarien, da sie eher zum Optimismus neigen und den Kopf nicht in den Sand stecken. Zeugnisse und das, was andere Menschen sagen, ist ihnen wichtiger als theologisch oder wissenschaftliche fundierte Aussagen.

Ebenso menschenorientiert ist eine stetige Persönlichkeit. Sie fühlt sich in der Gemeinde mit stabilen Formen des Zusammenlebens und des Gottesdienstes sehr wohl. Der Horizont ist überschaubar und die einzelnen Mitglieder kann man sehr gut kennenlernen. S-Typen nehmen ihren Glauben ernst aber nicht verbissen. Das macht ihre Ausgeglichenheit aus. Sie haben oft Spaß daran, geduldig die Bibel zu studieren, am

liebsten in einem vertrauten Umfeld wie zum Beispiel einem Hausbibel-
kreis.

Gewissenhafte Persönlichkeiten sind Grübler und vielleicht sind sie es,
die zu den vielen großen Theologen und Reformern gehörten. Sie denken über den Sinn des Lebens nach, hinterfragen sich selbst und geben
sich nicht nur mit einer Erklärung zufrieden. Sie suchen immer weiter
und begnügen sich nicht nur mit einer Antwort. Oft achten sie auf
Details der Religion und der religiösen Regeln. Ihre depressive Neigung
macht es ihnen schwer, Gottes Gnade voll und ganz anzunehmen.

Im „Reich Gottes" - ein wichtiges Motiv Jesu - haben alle diese unterschiedlichen Menschen einen Platz. Einmal verglich Jesus die Arbeit an
dieser Vision mit der Arbeit im Weinberg, dessen Besitzer nach und
nach Arbeiter einstellt. Alle bekommen aber den gleichen Lohn.[100]

3.6 DAS CHRISTLICHE LEBEN NACH PAULUS: BEISPIEL EINER AUSLE-
GUNG

Von Ephesus aus schrieb Paulus etwa 56 n. Chr. den Brief an die
Gemeinde in der Landschaft Galatien, im mittleren Kleinasien. Dort
waren Prediger aufgetaucht, die behaupteten, daß die Unabhängigkeit der
Christen vom jüdischen Gesetz und dessen Glaubensformen eine Fehl-
entwicklung bedeutete. Paulus sprach dagegen. In dieser Zeit entstand der
folgende Textabschnitt:

*Liebe Brüder, wenn ein Mensch etwa von einer Verfehlung ereilt
wird, so helft ihm wieder zurecht mit sanftmütigem Geist, ihr, die ihr
geistlich seid; und sieh auf dich selbst, daß du nicht auch versucht wer-
dest. Einer trage des anderen Last so werdet ihr das Gesetz Christi
erfüllen. Denn wenn jemand meint, er sei etwas, obwohl er doch nichts
ist, der betrügt sich selbst. Ein jeder prüfe aber sein eigenes Werk; und
dann wird er seinen Ruhm bei sich selbst haben und nicht gegenüber
einem anderen. Denn ein jeder wird seine eigene Last tragen. Wer
aber unterrichtet wird im Wort, der gebe dem, der ihn unterrichtet,
Anteil an allem Guten. Irrt euch nicht! Gott läßt sich nicht spotten.
Denn was der Mensch sät, das wird er ernten. Wer auf sein Fleisch sät,*

---

[100] Matthäus 20, 1 - 16

der wird vom Fleisch das Verderben ernten; wer aber auf den Geist
sät, der wird vom Geist das ewige Leben ernten. Laßt uns aber Gutes
tun und nicht müde werden; denn zu seiner Zeit werden wir auch ern-
ten, wenn wir nicht nachlassen. Drum, solange wir noch Zeit haben,
laßt uns Gutes tun an jedermann, allermeist aber an den glaubenden
Genossen. [101]

Es geht um Brüderlichkeit. Das ist das Thema, mit dem Paulus seinen
Brief abschließt. Angesprochen sind die Christen, die mit dem Geist
Gottes ausgerüstet sind. Von „Geitesbegabten" (pneumatikeu) ist im Ori-
ginaltext die Rede, von Personen also, denen etwas geschenkt wurde:
eine Gabe. Wie sich Paulus ein entsprechendes Leben vorstellt,
beschrieb er im vorangehenden Abschnitt. „Wenn wir im Geist leben,
so laßt uns auch im Geist wandeln," lautet sein Motto. Es ist ein Leben
in Freiheit, oder besser: Mündigkeit. Paulus verbindet damit, daß Christen Bescheid wissen, worauf es ankommt, unterscheiden können, was
richtig und was falsch ist. Deshalb sollen sie denen helfen, die bei einer
Übertretung angetroffen wurden. Er geht nicht genauer darauf ein, was
das sein kann. Wichtig ist hier: Wenn ein Christ sieht, daß jemand
Probleme hat, oder glaubt, dieser mache einen großen Fehler, darf ihm
das nicht egal sein. Der Christ kann dann eingreifen, dem anderen
einen Hinweis geben, wie er die Sache sieht. Paulus legt nicht fest, ob
das eine Situation innerhalb der Gemeinde betrifft oder allgemein gilt.
Vom Textzusammenhang ließe sich erstes vermuten. Aber es ist hier
schlicht nur von „Menschen" die Rede. Denen soll geholfen werden.
„Achte dabei auf dich selbst," gibt Paulus den Adressaten des Briefes mit.
Das scheint ihm wichtig zu sein, denn jetzt wird er persönlich. Ein-
dringlich wechselt er von der allgemeinen Anrede zum „Du". „Achte
dabei auf dich selbst, damit du nicht in Versuchung geführt wirst." Wer
Stellung bezieht, muß aufpassen, nicht wie ein Lehrer aufzutreten, der
meint, alles besser zu wissen. Damit werden nur Schranken und Gräben
zwischen Menschen aufgebaut. Viel sinnvoller ist es, ganz bewußt aus
der eigenen persönlichen Perspektive zu reden. „Jeder aber überprüfe sein
eigenes Handeln," mahnt der Briefeschreiber aus Ephesus. Der Eifer,
andere zu berichtigen, darf nicht von dem eigenen Handeln ablenken.
Wer nicht bei sich anfängt, positiv und entschlossen zu denken, wird
auch bei anderen nichts erreichen.

---

[101] Galater 6, 1 - 10

Es geht nicht darum, eine giftige Atmosphäre zu schaffen, in der jeder den anderen kontrolliert: „Na, wie ernst nimmt der es denn mit dem Glauben?" Vielmehr heißt es: „Tragt gegenseitig eure Lasten." Unter diesem Gedanken steht das Sorgen umeinander. Lasten tragen: Was heißt das? Gemeint ist sicher auch die praktische Hilfe. Aber auch viel mehr. In der Gemeinschaft der Gemeinde kommen viele Menschen zusammen. Darunter verschiedene Persönlichkeiten, die ihre ganz eigene Art haben: Der eine hört sich gerne reden, der andere zieht sich bei jeder Auseinandersetzung in den Schmollwinkel zurück. Manche kommen vielleicht bei jeder Mitarbeiterbesprechung mit neuen Ideen, ohne irgendetwas zuendezuführen. Sich gegenseitig aushalten, zuhören und verstehen zu lernen, dadurch entsteht Vertrauen. Und aus Vertrauen wächst die Möglichkeit, den Weg im Glauben zu teilen. Wo Menschen auf diese Weise Zeit und Mut investieren, passiert etwas. Es ist das Prinzip von Saat und Ernte, auf das Paulus in seinem Brief eingeht. Das gilt im Positiven wie im Negativen.

„Wer nämlich auf sein Fleisch sät, wird vom Fleisch Verderben ernten," heißt es im Galaterbrief. Diese befremdende Ausdrucksweise tritt oft bei Paulus auf. „Fleisch", aus dem Griechischen meint das Vergängliche, das in der damaligen Lebenswelt mit dem Sündhaften in Verbindung gebracht wurde. Was der Briefschreiber Paulus damit meint, gibt er ein paar Zeilen vor dem gelesenen Textabschnitt an (Galater 5, 19 - 21): Unzucht, Unreinheit, Ausschweifung, Götzendienst, Zauberei, Feindschaft, Hader, Eifersucht, Zorn, Zank, Zwietracht, Spaltungen, … kein Zweifel. Es ist einfach, ein guter Mensch zu sein, wenn die Maßstäbe dafür niedrig sind. Doch Paulus schreibt über das Leben „im Geist": Liebe, Freude, Friede, Geduld, Freundlichkeit, Treue und Sanftmut.

Es ist nicht von der großen Strafe Gottes in diesem Text die Rede, keiner Gerichtsandrohung oder von apokalyptischen Visionen. Ganz schlicht ist lediglich vom Verderben die Rede, das jemand ernten wird, nämlich durch das Fleisch, also durch seine eigene, selbst zu verantwortende Handlung. „Ihr macht euch selbst kaputt, wenn ihr so lebt," könnte Paulus bei einem Besuch in der von ihm angeschriebenen Gemeinde geraten haben. Das ist, was er meint. Den schwarzen Peter läßt sich Gott nicht als drohender Richter zuschieben. Es sind die Konsequenzen des eigenen Handelns, die Paulus hier anspricht. Das ist nicht immer angenehm. Es gibt Menschen, bei denen sind immer die anderen schuld, wenn etwas schief läuft oder den eigenen Vorstellungen nicht entspricht: die Eltern, der Arbeitgeber, „die da oben", „die Linken", „die Gesellschaft" oder wer auch immer. Das ist ja auch nicht alles von der Hand zu weisen. Aber man sollte sich darauf konzentrieren, was eine Person selbst verändern kann.

„Aber wer auf den Geist sät, wird vom Geist ewiges Leben ernten." Fast simpel ist diese Schlußfolgerung. Zwei Fragen drängen sich auf: Was soll jemand säen und wo soll er es säen? Das oben genannte D.I.E.N.S.T-Profil beschäftigt sich mit diesen Fragen: Was kann ich gut? Wo sind meine Stärken? Wo kann ich Nutzen bringen? Bin ich jemand, der immer voller Ideen steckt, hier in der Gemeinde oder am Arbeitsplatz? Bin ich eher der stille Zuhörer? Dann kann ich zum aktiven Zuhörer werden und andere mit ihren Fragen und schwierigen Entscheidungen, die sie zu treffen haben, unterstützen. Bin ich jemand mit viel Durchsetzungskraft? Wo kann ich Pläne umsetzen und für sie eintreten? Alle Persönlichkeiten haben ihren Wert. Ob nun jemand handwerklich geschickt ist, künstlerisch begabt ist, Optimismus verbreitet ... Wenn ein Mensch das Leben seiner Freunde, Kollegen und allen, denen er oder sie täglich begegnet, so einfach, so schön und sinnvoll wie möglich macht, profitiert er selbst davon. Nicht nur, daß ein solches Leben Spaß macht, es erhält auch wieder Sinn zurück. Der Sinn des Lebens ist es, Sinn zu stiften. Und wo wir Lebenssinn und persönliche Werte säen, ernten wir um so mehr Sinn und Lebensfülle.

Wenn es auch Mißerfolge und Rückschläge gibt, so ist doch bei Paulus deutlich das Versprechen herauszuhören, daß das eigene Leben nicht umsonst ist. Ein ähnliches Versprechen macht Jesus in einem sehr bekannten Gleichnis: „Es ging ein Sämann aus, zu säen seinen Samen, und indem er säte, fiel einiges auf den Weg und wurde zertreten, und die Vögel unter dem Himmel fraßen es auf."[102] Doch die Geschichte führt schließlich zu einer Wende. „Und einiges fiel auf gutes Land, und es ging auf und trug hundertfach Frucht." So heißt es einige Zeilen weiter in diesem Gleichnis.[103]

Anzufangen ist nie zu spät. Dieser Meinung ist auch Paulus im gelesenen Abschnitt aus dem Galaterbrief, wenn er schreibt: „Deshalb laßt uns

---

[102] Lukas 5, 8
[103] Markus 8, 8

jetzt, wo wir Zeit haben, das Gute gegenüber allen wirken." Solange wir leben, ist immer heute. An diesem Tag, nächste Woche und nächstes Jahr. Die Möglichkeit, ja zu sagen zu seinem Leben und zu seinen Fähigkeiten, die er für Gott und seine Zukunft einsetzen kann, steht jedem immer offen.

Problematisch erscheint die Vertröstung von Paulus auf das ewige Leben: „Wer auf den Geist sät, der wird vom Geist ewiges Leben ernten." Wie dieses Leben konkret zu verstehen ist, ist nicht klar. Einen Versuch zu unternehmen, in Bildern etwas zu beschreiben, ist höchst problematisch. Sie überholen sich schnell und sind auch höchst subjektiv. So aufrichtig das Anliegen großer Maler von Kirchendecken in der Renaissance war, so sprechen sie den Betrachter heute meist nur über den künstlerischen Wert an. Es kann höchstens eine Glaubensaussage getroffen werden, bei der es jedem offen steht, anzuerkennen: Unser Leben endet nicht in der Absurdität, sondern nach der Wirklichkeit, die wir hier und jetzt erleben, steht eine erste und letzte Wirklichkeit, die wir Gott nennen. Es gibt ein Ziel, das über unser Leben hinaus Bestand hat. Der Sinnhorizont stellt sich nicht als Fata-Morgana heraus.

Jesus selbst sah allerdings die Hoffnung auf das „Reich Gottes" nicht ausschließlich zukünftig an:

Jesus sagte zu ihnen [den Jüngern]: Meine Speise ist die, daß ich den Willen dessen tue, der mich geschickt hat, und daß ich sein Werk vollende. Sagt ihr nicht: Es dauert noch vier Monate und dann kommt die Ernte? Siehe, ich sage euch: Erhebt eure Augen und betrachtet die Felder. Sie sind weiß zur Ernte. Schon empfängt der Erntende den Lohn und sammelt die Frucht zum ewigen Leben, damit der Säende und der Erntende sich gleichermaßen freuen. Denn damit hat das Sprichwort recht: Ein anderer ist der Säende, ein anderer der Erntende. Ich habe euch gesandt, was ihr nicht mühevoll erarbeitet habt. Andere haben mühevoll gearbeitet und ihr seid in ihre Arbeit [später] eingetreten.[104]

---

104 Johannes 4, 34 - 38

Zum einen wird deutlich: Die Ernte ist eine Sache der Gnade. Das heißt aber auch: Das Entscheidende ist erledigt. Nämlich das Ja Gottes zu uns und unserem Leben. Das darf jeder schon jetzt wissen. Und sogar schon feiern, da der „Erntende" schon seinen Lohn hat.

Und die Demutshaltung? „Wenn mir jemand nachfolgen will, der verleugne sich, nehme sein Kreuz auf sich und folge mir nach," sagt Jesus in der Überlieferung von Matthäus.[105] Die Widersprüche lassen sich in der Bibel nicht glätten. Theoretisch könnte man sich aber auch eine andere Auslegung vorstellen, die eine Hilfestellung beinhaltet: Jeder trägt irgendwo „sein Kreuz" als Krankheit, Beziehungsstreß oder große Verantwortung über ein ganzes Unternehmen. Jesus wußte: Die Lebensumstände werden sich nicht von heute auf morgen ändern. Aber dennoch: die Last läßt sich tragen. Es geht darum, sich auf das Leben einzulassen, nicht aufzugeben. Es gilt der Rat Jesu: Beißt euch in eurem Leid nicht fest. Bewegt euch nicht im Kreis. Tragt euer Kreuz. Es ist schwer, aber es geht. Und dann dürfen auch diejenigen, die ihr Leben bejahen und aktiv werden, wieder Freude in ihr Leben einlassen.

---

[105] Matthäus 16, 24

4 EIN SOTERIOLOGISCHER GEGENENTWURF

4.1 DIE QUELLENLAGE

Die Beantwortung der uralten theologischen Frage steht noch aus: Was muß der Mensch tun, um von Gott angenommen zu werden, seine Gnade zu erhalten oder das Gericht zu bestehen? Wer nimmt an dem „Heilsweg" teil? Steht jeder schon immer in Gemeinschaft mit Gott? Ist der christlich-biblizistische Weg der einzig richtige? Steht der Mensch am Abgrund der Verdammnis, nahe der Strafe Gottes, so wie es einige biblische Texte androhen? Die Fragen mögen einen modernen Menschen verwirren, und viele historisch bedingten Anschauungen lassen sich mit gutem Grund anzweifeln. Das sollte das dritte Kapitel zeigen. Doch wir wollen nochmals einen Blick auf die Texte der Bibel werfen, um kein vorschnelles Urteil zu treffen.

Vielfach zitiert ist der Text des Paulus, der sich ähnliche Fragen stellte, als er als Missionar auf lange Reisen ging. Sogar bis nach Athen kam er und mußte sich dort mit der hochentwickelten, geistigen Welt der Philosophen beschäftigen: Könnte es sein, daß diejenigen, die bisher nichts vom Christentum oder Judentum gehört haben, verdammt werden, auch wenn sie rechtschaffen lebten? Hätten sie überhaupt eine Möglichkeit gehabt, sich für Gott zu entscheiden? Paulus schreibt:

Denn Gottes Zorn wird vom Himmel her offenbart über alles gottlose Wesen und alle Ungerechtigkeit des Menschen, die die Wahrheit durch Ungerechtigkeit niederhalten. Denn was man von Gott erkennen kann, ist unter ihnen offenbar; denn Gott hat es ihnen offenbart. Denn Gottes unsichtbares Wesen, das ist seine ewige Kraft und Gottheit, wird seit der Schöpfung der Welt ersehen aus seinen Werken, wenn man sie wahrnimmt, so daß sie keine Entschuldigung haben. Denn obwohl sie von Gott wußten, sind sie dem Nichtigen verfallen in ihren Gedanken, und ihr unverständiges Herz ist verfinstert. Da sie sich für Weise hielten, sind sie zu Narren geworden und haben die Herrlichkeit des unvergänglichen Gottes vertauscht mit einem Bild gleich dem eines vergänglichen Menschen und der Vögel und der vier vierfüßigen und der kriechenden Tiere.[106]

In der Apostelgeschichte findet Paulus in der Stadt Lyra mildere Worte, die in eine vergleichbare Richtung zielen:

Zwar hat er in den vergangenen Zeiten alle Heiden ihre eigenen Wege gehen lassen; und doch hat er sich selbst nicht unbezeugt gelassen, hat viel Gutes getan und euch vom Himmel Regen und fruchtbare Seiten gegeben, hat euch ermahnt und eure Herzen mit Freude erfüllt.[107]

Natürlich leben wir heute nicht mehr in der Zeit des heidnischen Europas, so daß die Überlegungen von Paulus an Adressaten einer vergangenen Zeit gerichtet sind. Trotzdem sind die zitierten Ausschnitte wertvoll, da sie etwas darüber verraten, wie Gott mit Nichtchristen umgeht, die kaum etwas von dieser Religion wissen. Immer mehr Menschen unserer Zeit haben nur noch rudimentäres Wissen von Kirche, Christentum und Bibel. Durch Unterhaltungsmedien sind wenige Klischees übriggeblieben. Allenfalls einige Familienfeste wie Hochzeit, Taufe und Konfirmation führen zu einem Kontakt mit dem Glauben.

Gott ist nach Paulus nicht alleine durch die Bibel oder das Zeugnis von Christus zu erkennen. Auch die „natürliche Offenbarung" bringe den Menschen auf den Gedanken an einen Schöpfer. Dabei besteht Paulus nicht auf ein naives Bild von Gott, der auf einem himmlischen Thron sitzt und sich das Treiben auf der Erde anschaut, um darüber zu richten. Ganz im Gegenteil: Paulus spricht von einem unsichtbaren Wesen Gottes und beschreibt ihn als ewige Kraft und Gottheit. Kritisiert wird nicht eine fehlende Gottesvorstellung, sondern eine Gottlosigkeit und Ungerechtigkeit. Es scheint, daß Paulus hier die Begriffe sogar als verwandt parallel benutzt. Das würde aber bedeuten, daß es ihm nicht um abstrakte theologische Bekenntnisse geht, sondern um einen konkreten, praktischen Lebensvollzug. Gerade hierbei haben die Menschen versagt, weil sie Ungerechtigkeit zuließen, die Gott nicht gefällt, und die Existenz Gottes mißachtet haben. In der Apostelgeschichte geht Paulus sogar so weit, daß er behauptet, daß auch die Heiden unter dem Segen Gottes

---

[106] Römer 1, 18 - 23
[107] Apostelgeschichte 14, 16 - 17

standen. Die Vergangenheitsform wählt Paulus deshalb, weil sich das mit der Mission änderte. Nun waren die Heiden vor die Entscheidung gestellt, ob sie sich auf die christliche Botschaft einlassen wollten.

Jesus selbst soll nach einigen Überlieferungen selbst die Grenze von Juden und Heiden, Anhängern und nicht Dazugehörenden relativiert haben. Doppeldeutig ist beispielsweise eine Auseinandersetzung mit seinen Jüngern, die ihn darauf aufmerksam machen, daß einige Personen mit dem Namen Jesu heilen und durch die Lande ziehen, ohne sich zum Jüngerkreis zu zählen.

Da fing Johannes an und sprach: Meister, wir sahen einen, der trieb böse Geister aus in deinem Nahmen; und wir wehrten ihm, denn er folgte dir nicht nach mit uns. Und Jesus sprach zu ihm: Wehrt ihm nicht! Denn wer nicht gegen euch ist, der ist für euch.[108]

An anderer Stelle zeigt Jesus allerdings wieder Kompromißlosigkeit:

Wer nicht mit mir ist, der ist gegen mich; und wer nicht mir mir sammelt, der zerstreut.[109]

Typisch tür die Bibel und jede gelebte Religion ist, daß sie voller Widersprüche ist. Man muß quasi eine Vogelperspektive einnehmen, um aus einer Gesamtsicht die Strukturen und Leitlinien zu erkennen. Zumindest gibt es, so zeigt der erste Beleg, auch Spuren der Toleranz in den sonst so kompromißlosen Überzeugungen Jesu. Die Heilung der Menschen und ihr Wohl schien Jesus in diesem Moment wichtiger zu sein als die Nachfolge. Wer also wahre Humanität zum Kriterium für sein religiöses Handeln macht, findet in dieser Stelle ein gutes Argument. Daß sich Gottesdienst beziehungsweise ein religiöses Leben im Dienst am Nächsten und nicht in formalen Ritualen ausdrückt, war für die Zeit Jesu revolutionär. In einem weiteren überlieferten Jesuswort findet sich ein eindeutiger Beleg:

Wenn aber der Menschensohn kommen wird in seiner Herrlichkeit, und alle Engel mit ihm, dann wird er sitzen auf dem Thron seiner Herrlichkeit, und alle Völker werden vor ihm versammelt werden. Und er wird sie voneinander scheiden, wie ein Hirte die Schafe von

---

[108] Lukas 9, 49 - 50
[109] Lukas 11, 29

den Böcken scheidet, und wird die Schafe zu seiner Rechten stellen und die Böcke zu seiner Linken. Da wird dann der König sagen zu denen zu seiner Rechten: Kommt her, ihr gesegneten meines Vaters ererbt das Reich, das euch bereitet ist von Anbeginn der Welt! Denn ich bin hungrig gewesen, und ihr habt mir zu essen gegeben. Ich bin durstig gewesen, und ihr habt mir zu trinken gegeben. Ich bin ein Fremder gewesen, und ihr habt mich aufgenommen. Ich bin nackt gewesen, und ihr habt mich gekleidet. Ich bin krank gewesen, und ihr habt mich besucht. Ich bin im Gefängnis gewesen, und ihr seid zu mir gekommen. Dann werden ihm die Gerechten antworten und sagen: Herr, wann haben wir dich hungrig gesehen und haben dir zu essen gegeben? Oder durstig und haben dir zu trinken gegeben? Wann haben wir dich als Fremden gesehen und haben dich aufgenommen? Oder nackt und haben dich gekleidet? Wann haben wir dich krank oder im Gefängnis gesehen und sind zu dir gekommen? Und der König wird antworten und zu ihnen sagen: Wahrlich ich sage euch: Was ihr getan habt einem von diesen meinen geringsten Brüdern, das habt ihr mir getan.[110]

Erstaunlich lebenspraktisch bewertet hier der richtende König die Menschen. Der Text geht weiter und beschreibt die Verurteilung derjenigen, die sich gleichgültig ihren Mitmenschen gegenüber verhalten haben. Hier geht es nicht um Religionszugehörigkeit oder formale Gesetze. Jesus nennt die Hilfsbereitschaft als entscheidendes Kriterium für das Endgericht. Natürlich bleibt Jesus dem kompromißlosen moralischen Anspruch verhaftet, den er in der zur Bergpredigt zusammengefaßten Überlieferung vorstellt. Auch behält er die Vorstellung eines endgültigen Gerichtes bei, das zwischen Gut und Böse unterscheidet, ohne Abstufungen vorzunehmen. Keine Rede ist von den Lebenssituationen, die dem einen die Zeit ließen, Hilfe zu leisten und den anderen mit einer verantwortlichen Aufgabe voll auslastete. Nur die Hilfsbereitschaft erscheint von Gott als ethisch wertvolles Handeln akzeptiert zu sein. Gerechtigkeit und Verantwortung kommen nicht vor. Manchmal erscheint es so, als wäre materielle Armut die Freikarte für den Himmel, nach dem Motto: Man kann ja nichts falsch machen. Die anderen sind ja gefordert, einem Hilfe zu leisten. Zweierlei wird bei der Beschreibung des Jüngsten Gerichts durch Jesus deutlich: (1) Jesus vertritt keine syste-

---

[110] Matthäus 25, 31 - 40

matische Lehre, sondern er greift in Gleichnissen und Metaphern immer einzelne Aspekte heraus. (2) Die Worte richten sich an Adressaten einer Zeit, in der es keine öffentliche soziale Sicherheit gab. Wer keine Arbeit hatte und vielleicht auch noch krank oder schwach war, war auf „Gedeih und Verderb" auf die Almosen der Menschen angewiesen. Dort, wo es nur schwach ausgeprägte Rechte gab, mußte es ein stabiles moralisches System geben, das diese Funktion erfüllte. Heute leben wir in einer Zeit, in der - zum Glück - Rechte die moralischen Imperative ersetzt haben. Natürlich gelten nach wie vor ethische Regeln. Aber eine Gesellschaft ist nicht mehr auf den Mechanismus von Ethik und Schuldgefühlen angewiesen, um ein soziales Netz aufzubauen. Trotz aller Einwände zeigt die zitierte Stelle ein Abweichen von der religiösen Vorstellung, daß das Einhalten von Regeln und Ritualen der Garant dafür ist, daß jemand so lebt, wie es sich Gott wünscht.

Den Höhepunkt von Jesu Botschaft der Versöhnung Gottes mit den Menschen bildet unabhängig von irgendwelchen Voraussetzungen sicherlich der Satz, den er am Kreuz gesprochen haben soll, kurz bevor er starb. Noch im letzten Moment, während er die unendliche Qual der Kreuzigung durchlebte, bittet Jesus Gott um Vergebung für diejenigen, die ihn verurteilt hatten und sogar noch während der Hinrichtung verspotteten.

Es wurden aber auch andere hingeführt, zwei Übeltäter, daß sie mit ihm hingerichtet würden. Und als sie kamen an die Stätte, die heißt Schädelstätte, kreuzigten sie ihn dort und die Übeltäter mit ihm, einen zur Rechten und einen zur Linken. Jesus aber sprach: Vater vergib ihnen, denn sie wissen nicht, was sie tun! Und sie verteilten seine Kleider und warfen das Los darum.[111]

Völlig grundlos, ohne daß Jesus im letzten Moment um Vergebung gebeten wurde, verzeiht ihnen Jesus. Wie in keinem anderen Vers spiegelt sich die Kreuzestheologie wider, nach der Christus die Schuld der Menschen trägt.

---

[111] Lukas 23, 32 - 34

4.2 DIE „FROHE BOTSCHAFT"

Die angeführten Stellen der Bibel zeigen, daß schon dort im Ansatz eine Öffnung der strikten Grenzen von Gut und Böse, von Gläubigen und Ungläubigen zu erkennen ist. Zunächst wurde die Beziehung Gottes zu den Juden auf andere Völker ausgeweitet. Und schließlich geraten sogar religiöse Ansprüche zu Gunsten einer humanistischen Ethik leicht in den Hintergrund. Aus einer Vogelperspektive betrachtet ergibt sich bei allen Widersprüchen, Entwicklungen und Lehren in der Bibel ein roter Faden: Nicht Gott entfernt sich von den Menschen, sondern die Menschen entfernen sich von Gott. Immer wieder praktizieren sie Ungerechtigkeit, betrügen, üben zerstörerische Gewalt oder schaden der Gemeinschaft zum eigenen Vorteil. Im Alten Testament berichten Propheten und Priester, wie sich Israels Volk an fremde Götter wendet oder seine religiösen Pflichten vergißt. Selbst ein König wie David macht sich schuldig, indem er sich die Frau seines Feldherren nimmt und diesen sogar noch in den Tod treiben läßt. Doch Gott schaut dem politischen Niedergang und dem sittlichen Verfall als Folge dieses Verhaltens nicht einfach zu. Zwar ist in der Bibel vom Zorn Gottes die Rede, doch immer wieder baut Jahwe sein Volk wieder auf, holt es aus dem Exil zurück und schenkt ihm Erfolg.

Was aber wird nun vom Menschen erwartet? Was bedeutet die Nähe zu Gott? Um diese Frage zu beantworten, ist es sinnvoll, den Gottesbegriff genau unter die Lupe zu nehmen, wie ich es bereits an anderer Stelle getan habe.[112] Die Bibel beschreibt ausführlich, wer Gott ist. Im Alten Testament wird immer wieder die Beschreibung gewählt, mit der die zehn Gebote beginnen:

Ich bin der Herr, dein Gott, der ich dich aus Ägyptenland, aus der Knechtschaft, geführt habe.[113]

In der Genesis ist Gott der Schöpfer, in den Psalmen der gerechte König, bei den Propheten tritt er als Richter auf, im Neuen Testament beschreibt Jesus ihn als Hirten. Die Sprache der Religion ist eine Sprache der Bilder. Sie beschreiben, wie Gott ist, aber nicht, was Gott ist.

---

[112] Jörg Wurzer, Florians Reise durch Cyberspace. Skizze einer Philosophie des Seins, Essen 1999
[113] 2 Mose 20, 2

Und damit hat gerade die Moderne große Schwierigkeiten. Was meinen wir überhaupt damit, wenn wir von Gott sprechen? Ist er ein „gasförmiges Wirbeltier", wie man im letzten Jahrhundert im Zuge der blühenden Naturwissenschaften spottete? Ist er eine Idee, oder doch mehr als eine Idee? Ist er eine Person? Der bärtige Mann auf dem Thron? Oder müssen wir schweigen, wenn wir von Gott reden und die Beantwortung der Frage ausklammern? Dann wird es aber schwierig, eine Beziehung zu Gott durch ein Gebet aufzubauen, geschweige denn, an ihn zu glauben. Als Ausgangspunkt einer Überlegung steht fest: Wenn Gott existiert, dann muß er etwas Seiendes sein, etwas, was dem Bereich des Seins zuzuordnen ist. Christliche Denker und Philosophen befaßten sich intensiv mit dieser Frage, vor allem im Zusammenhang mit den Gottesbeweisen. Einigkeit scheint darüber zu bestehen, daß Gott nicht etwas Gegenständliches ist wie ein König, Richter oder Schöpfer eines Gegenstandes. Es liegt nahe, Gott dem Bereich des Abstrakten zuzuordnen. Doch dann besteht das Problem, ein Abstraktum unabhängig von einem erkennenden Subjekt zu sehen. Wörter zum Beispiel gibt es durch ihren Gebrauch. Zwar gibt es objektive, unabhängig und materiell existierende Zeichen (Signifikanten), aber keine entsprechend unabhängigen Bedeutungen (Semantik). Letzteres setzt ein Subjekt voraus, das mit Hilfe von mentalen Modellbildungen Zeichen eine Bedeutung zukommen läßt und diese Bedeutung einem Modell des zu Bezeichnenden (Significandum) zuordnen kann. Als Alternative zum Abstrakten wäre quasi die materielle Metaebene zu betrachten, Gott also in der Struktur des Seienden zu suchen. Das käme schon der Vorstellung von einem allgegenwärtigen Gott nahe. Doch Strukturen sind erst einmal Relationen, die keine Züge der Personalität aufweisen, die allerdings eine nicht wegzudenkende religiöse Erfahrung ausmachen. Gott ist ansprechbar und antwortet auf Gebete des Menschen - so der Glaube. Nun ist auch der Mensch ein komplexes System, das letztlich aus Atomen und Molekülen besteht, die zusammen aber mehr als tote Materie sind. Daß aber die Summe der Teile nicht allein das Ganze bilden, sondern neue Phänomene wie die Intelligenz hinzutreten, nennt die Philosophie und Naturwissenschaft Emergenz. Ähnlich könnte das auch bei Gott sein, sollte er tatsächlich existieren. Das bedeutet noch keinen Pantheismus, der behauptet, daß Gott mit der Natur identisch sei oder quasi die Seele der Natur ist. Gott ist nicht das Sein, sondern das Seinselbst, eine Dynamik, die Physiker entdecken und deren Evolutionsintelligenz

Biologen immer wieder beobachten. Dort ist derjenige, der trotz aller Sinnlosigkeit, Zerstörung und blindem Elend auch Sinnhaftigkeit, Leben und Erfüllung möglich macht. Nicht erstere Wirklichkeit überrascht und stellt einen Gott in Zweifel, sondern die Tatsache, daß trotz allem letztere, positive Wirklichkeit gefunden und erlebt wird, ist das Besondere, das uns auf Gott hinweist. Und das ist genauso unleugbar wie die nihilistische Leere. Gott ist dasjenige, das lauter Einzeldinge und Einzelwirklichkeiten zu einer sinnvollen Gesamtheit werden läßt. Gott ist das Postulat einer Sinnvernunft, würde vielleicht Immanuel Kant jetzt sagen. Diese Sinn- und Werthaftigkeit setzen wir immer schon voraus, wenn wir über diese Welt reden, Aussagen treffen und Wahrheit beanspruchen. Gott will nicht den Tod, sondern das Leben. Er ist der Schöpfer. Gott ist deshalb das Seinselbst, sozusagen als Garant für das Sein im Gegensatz zum Nichts. Je weiter wir darüber nachdenken, um so abstrakter erscheint die Argumentation. Das liegt daran, daß die Frage nach dem „Wer" und dem „Was" Gottes, also nach seinen Eigenschaften und seiner Existenzweise, nie zugleich beantwortet werden kann. Auch von dieser Erfahrung berichtet die Religion. Fragen wir nach dem, wie Gott ist und wie er zu uns steht, dann gerät die Existenzweise aus dem Blick, weil wir Metaphern benutzen müssen. Fragen wir aber umgekehrt nach der Existenzweise Gottes, wird es zunehmend abstrakter und seine Eigenschaften verblassen. Gott ist kein Prinzip, sondern der liebende Gott, der den Menschen sucht aber auch die Sünde verabscheut. Wichtig ist es festzuhalten, daß es guten Grund gibt, auch als moderner Mensch an Gott zu glauben und das auf eine aufgeklärte Weise, ohne die biblischen Zeugnisse zu verleugnen.

Wenn nun aber Gott das Seinselbst ist, dann bedeutet Gottesnähe auch das seinstiftende Handeln. Es ist also überall da zu finden, wo Menschen konstruktiv schöpferisch tätig werden, wo Beziehungen geknüpft werden, wo Leben ermöglicht und gefördert wird. Gottesferne dagegen bedeutet das seins- und lebenszerstörende Handeln, das destruktiv Lebensräume vernichtet, Menschen verletzt und ruiniert. Damit wird deutlich, welchen hohen Wert und welche Würde der Mensch, egal ob krank oder stark, besitzt. Denn mit ihm, der das Sein zu denken vermag, geschieht der bewußte schöpferische Akt und das bewußte Leben. Mit seinem Bewußtsein hat der Mensch teil am Seinselbst oder in der Sprache der Religion: Er baut eine Beziehung zu Gott, seinem Schöpfer, auf.

Nicht umsonst wird der Mensch in der Schöpfungsgeschichte als Partner Gottes vorgestellt, mit der Aufgabe, die Erde zu verwalten, übrigens ganz im Gegensatz zu den anderen Religionen der Zeit, in der ältere Schöpfungsgeschichte entstand. In Babylonien wurden die Menschen ausschließlich dazu geschaffen, die Götter zu ernähren. Es gab also ein gegenseitiges Abhängigkeitsverhältnis. Die Würde und der Wert des Menschen erlauben es dem Christen, als „Daseins-Mensch" zu leben. Viele haben es auf Grund des Leistungsdruckes verlernt, lediglich zu sein, ihr Dasein zu genießen. Vielmehr versuchen sie, sich ihren Wert zu verdienen. Und tatsächlich funktioniert augenblicklich unsere Gesellschaft so. Gerade Christen sollten hier einen Gegenakzent setzen. Sie können ihn mit der Zuwendung Gottes sogar begründen.

Wenn wir dem „Was" Gottes nachgegangen sind, werden wir den richtenden Herrscher auf dem Thron als ein Bild erkennen, das nicht zu unterschätzen ist, aber auch in den richtigen Kontext gehört. Wenn jemand einen Fehler macht, in Streit gerät und zum Beispiel durch seinen Stolz, keine Hilfe anzunehmen, Schaden entstand, zucken keine Blitze vom Himmel. Gott schickt den Menschen auch nicht die Pest auf den Hals.[114] Er ist daran interessiert, daß es ihm gut geht, er sich ändert und sein katastrophales Verhalten erkennt. Daher ist es sinnvoll und trifft vielmehr den Kern des Problems, die Folgen der Gottlosigkeit jenseits einer zwingenden Logik zu sehen, die Eltern ihre Kinder bestrafen oder im magischen Weltbild unbedachte Handlungen einen Bann heraufbeschwören läßt. Wo Gottlosigkeit herrscht, kann die Sinnlosigkeit letztlich nur verdrängt werden. Doch überall da, wo wir scheitern, stellt sich die Frage neu. Der Einzelne findet kaum einen Grund, sich als objektiven Teil eines Ganzen zu sehen, höchstens als zufälligen Teil einer Gesellschaft. Wo das „Du" Gottes fehlt, fehlt dem „Ich" die Begründung für seine unterscheidende Subjektivität. Wo der Mensch gottlos lebt, stirbt er einsam, ohne eine Hoffnung auf einen letzten Sinnhorizont, der ihn nicht vergißt und alleine läßt. Wer Gott ablehnt, muß ohne Gott leben. Gott - so definierte ihn der Theologe Hans Küng in mehreren seiner Bücher - ist die erste und letzte Wirklichkeit, die die Integrität und Wahrheit unserer Welt und letztlich

---

[114] Man denke hier vor allem an den Bund, den Noah mit Gott schloß, nachdem er die Arche verlassen hatte. Gott wollte niemals mehr die Menschen vernichtend strafen. Als Zeichen des Bundes setzte er den Regenbogen an den Himmel.

unser Grundvertrauen in ihr begründet. Ein Beweis für die Existenz Gottes ist das nicht.[115] Es geht um einen Gottesbegriff. Gnade und Verfehlung der Gnade ist vergleichbar mit dem Leben; Leben ist Gabe und Aufgabe zugleich. Wir bekommen unser Leben geschenkt und treten nicht in Vorleistung. Für viele, ja die meisten Menschen auf der Welt ist das Leben anschließend ein Alptraum. Doch es bleibt eine Chance, das zu ändern, in den Industrie- und Dienstleistungsländern erst recht. Das geschenkte Leben ist auch eine Aufgabe, es zu füllen und zur Entfaltung zu bringen, Stärken zu entwickeln, Beziehungen aufzubauen und Sinn zu stiften. So verhält es sich auch mit der in der Theologe bekannten Gnade. Gott schenkt seine Gemeinschaft und seine Zuwendung. Es ist Aufgabe des Menschen, das Angebot anzunehmen, Gott zu ehren und - wie es in der Bibel heißt - an seinem Reich zu bauen. Der Mensch kann diese Beziehung auch verfehlen, Gebote mißachten und sich niemandem gegenüber verantwortlich fühlen. Die äußeren Anzeichen sind überall dort zu erkennen, wo Menschen Unheil anrichten, nur um sich selbst kreisen und den Maßstab für Humanität und ein gelungenes Leben aus den Augen verloren haben, sei es in den alltäglichen, zwischenmenschlichen Katastrophen oder einer blinden Leistungsgesellschaft, in der der Wert des Menschen an seinem Mehrwert gemessen wird, den er leistet.

Noch einmal:

- Gott ist nicht der bärtige Richter, der Blitze vom Himmel schickt, wenn jemand Normen nicht erfüllt. Gott ist schon immer auf der Seite des Menschen und sucht dessen Gemeinschaft. Entscheidend ist, was der Mensch daraus macht, ob er zum Beispiel das Gebet nutzt.

- Ein Leben in der Nähe Gottes ist ein Leben, das Sinn stiftet, also in Verantwortung Leben gestaltet, um Glück und Erfüllung zu erleben.

- Gottesferne von seiten des Menschen ist ein Leben, das Sinn zerstört, also dem Leben verantwortungslos schadet und damit Glück und Erfüllung verhindert. Nicht irgendeine (abstrakte, eschatologische)

---

[115] Hier sei nochmals auf das Buch „Florians Reise durch Cyberspace" verwiesen, in dem ich zu beweisen versuchte, daß es niemals einen Beweis von Gott geben kann. Dennoch setzen wir ihn aber immer voraus und nehmen Gott damit als Postulat der praktischen Vernunft wahr.

Strafe Gottes bestimmt den Ernst der Lage, sondern die reale Konsequenz unseres Handelns.

Die Religion braucht nicht zu drohen. Viel wichtiger ist die seelsorgerliche Bedeutung des Glaubens: Der Glaube schenkt die Hoffnung, daß niemals das letzte Wort gesprochen ist, daß es einen Horizont unseres Daseins gibt, der über die Grenze des Lebens und alle Hoffnungslosigkeit hinausgeht. Der Glaube bietet Grund genug, eine neue Perspektive einzunehmen. Er ist nicht Leistungsbedingung dafür, daß Gott uns annimmt. Das einzige, was wir tun können, ist, uns auf die Beziehung mit Gott einzulassen, ein Leben mit ihm zu führen, in dem Wissen, daß er längst die Brücke zu den Menschen geschlagen hat. Wo wir echte Fehler machen, dürfen wir es ihm sagen. Das Gebet ist nicht so sehr eine Pflicht, sondern eine große Chance, unsere Gedanken zu ordnen, Wünsche und Bitten zu formulieren, deren Erhörung uns Gott zugesagt hat.[116] Anbetung und Gottesdienst kann der Dienst am Nächsten sein, aber die Religion und die regelmäßige mit Christen gefeierte Gemeinschaft zu Gott ist zugleich eine Chance, Gott und die Hoffnung nicht aus den Augen zu verlieren. Zu glauben ist dann keine Pflichtübung oder Heilsbedingung mehr, sondern eine seelsorgerliche Zusage: Wer sich auf Gott verläßt, sein Angebot annimmt, darf glauben. Er oder sie kann sich auf Gott verlassen. Wer zweifelt, der kann seinen Wunsch, zu Gott zu gehören, in einem Gebet ausdrücken. Auch äußere Zeichen wie die Taufe können einen Halt bieten.

In dem Buch „Vita Brevis", das die Briefe von Augustinus Frau Floria wiedergibt, heißt es:

Vielleicht gibt es keinen Gott, der um unsere armen Seelen feilscht. Und vielleicht gibt es einen liebevollen Gott, der für uns die Welt erschaffen hat, damit wir in ihr leben.[117]

Und das Unrecht? Triumphiert der Täter bei so viel Gnade über das Opfer? Gott lehnt die Sünde ab, sucht aber den Menschen. Ob jemand zu Gott gehören will, steht jedem offen. Auch, daß er sich gegen ihn entscheidet, mit allen Konsequenzen. Die christliche Hoffnung auf

---

[116] Matthäus 7, 7

[117] Jostein Gaarder, Das Leben ist kurz. Vita brevis, München Wien 1997, Seite 117

Gerechtigkeit bleibt, auch ohne apokalyptische Bilder und Schreckensvisionen.

5. SCHLUSSWORT

Die Streitschrift soll keine Gotteskritik sein. Sie soll ermutigen, den Weg mit Gott zu gehen, aber auch die Fehler und Mißverständnisse zu vermeiden, die im zweiten Kapitel beschrieben wurden. Ganz anders als die christliche Praxis manchmal zeigt, können Bibel und Glaube - richtig verstanden und interpretiert - Hoffnung schenken, Mut machen, sein Leben zu gestalten, ohne den Ballast falscher Werte. Gott ist eben niemand, der die Menschen in einem nüchternen Entweder-Oder aburteilt, sondern auf der Suche bleiben läßt, so konsequent er auch Unrecht ablehnt. Christentum muß auch nicht isolieren, sondern es will auf einer ganz neuen Grundlage Beziehungen und Sinn stiften. Gott will Menschen aufbauen, begleiten und in ihrer Persönlichkeit wachsen lassen. Auch diese Lesart der Bibel gibt es. Es ist wichtig, die Texte aus ihrer Zeit heraus zu verstehen, ehrlich und aufrichtig nach ihrer Bedeutung zu fragen, die sie für die damaligen Menschen hatten. Dann können wir erkennen, wie spannend die Begegnung der Menschen mit Jesus und Gott war und wie spannend es auch für uns heute noch sein kann. Lassen wir uns ein auf die Beziehung mit Gott, ganz praktisch. Es kann mit einem Gebet beginnen, jetzt ...